U0014430

人·與·法·律 84

明日世界的律師（暢銷增訂版）

Tomorrow's Lawyers

理查·薩斯金 Richard Susskind 著
麥慧芬、高忠義 譯

推薦序

律師業的未來——明日黃花或明天會更好？

邵瓊慧

律師業向來是許多人心目中的金飯碗。法律系所多年來都是我國大學聯考社會類組的第一志願。但曾幾何時，律師金飯碗生鏽，中華民國律師公會全聯會甚至在二〇一三年底記者會中證實：律師一案難求、全台流浪律師逐年增加。換言之，律師業正面臨前所未有的劇變。

律師業的劇變，不僅僅是發生在台灣，而其轉變的原因，也不僅僅是律師錄取人數增加，市場大餅不夠分而已。全球律師業正面臨典範移轉式的劇變，這正是本書作者薩斯金長期關注並試圖提出解決方案的議題。

薩斯金更大膽預測：接下來的數年間，律師工作的方式將會徹底改變。他認爲造成這種改變的驅力有三個：「錢少事多」的挑戰、市場自由化，以及資訊科技的進展。

薩斯金針對法律市場轉變所提出的建議方案，是刪減法律成本的效率策略，以及與客戶分攤法律服務的合作策略。具體來說，薩斯金認爲律師必須徹底改變工作的方式，而非只是改變收費方式。他相信法律服務將由「量身客製化」向「大眾化」移動，以降低法律服務的成本、使收費明確、工作時間減少。更進一步，他主張拆解法律工作，尋找替代性的法律業務承包的方式，包括重新配置、境外承包、外包等等。最後，法律市場的突破性科技也將提供創新方式，改變某些法律服務。

薩斯金所描繪的律師業未來，以傳統律師的思維觀之，恐怕一時難以接受，甚至可能令人恐懼。雖然書中所描述的現象並未全部，或如此快速地在台灣發生，但多少反映出律師業發展的趨勢，而非危言聳聽。有遠見的律師應該勇於面對，提早做好準備。

需注意的是，薩斯金的觀察及提出的建議方案，基本上仍是從英美法制以及大型事務所的角度出發。然而，我國律師業結構，迄今仍以個人執業型態的小型事務所爲主，且多數未採取按時計費方式收費，因此可能無法完全適用。事實上，台灣律師的酬金，不論是按時計費或按件計酬，相較於英美日韓等國律師收費，都明顯偏低，但服務品質未必遜色。因此，如《在野法潮》第二十一期「正義的成本」專刊所指出，台灣律師業近來的課題，反而是如何能使收費合理化，依據案件複雜程度、律師的專業、資歷、能力及標的大小，反映對於法律專業工作者的尊重。

此外，薩斯金所提出的改變工作方式，如拆解訴訟案件，並將文件檢閱、法律研究、專案管理、（電子）資訊揭露等等，透過替代性法律業務承包的方式，以提供更有效率的法律服務等建議，乃針對英美訴訟特性而來。英美訴訟乃基於案例法，並有廣泛的證據揭露（discovery）制度，每件訴訟需要龐大的人力、物力以進行密集的案例檢索、審閱繁雜之文件，律師費用動輒數百萬美金，因此有分包與專案管理之需求。此與如台灣等民法體系國家，訴訟律師收費相當低廉，且訴訟程序與案件管理性質不同之情形，恐無法同日而語。但在牽涉到跨國訴訟案件之時，如何以更有效率之方式管理訴訟，確實值得思考。

至於律師市場自由化的議題，牽涉到的不僅是律師業務本身，而有更深層的法律文化考量，亦即對於法律專業屬性的定位，以及律師獨立性與倫理規範之界定。但台灣律師市場確實也面對日趨開放之問題，包括已開放的外國律師執業、兩岸律師證照及執業地區是否開放，甚至在「自由經濟示範區特別條例草案」中，擬開放我國律師、外國法事務律師、外國律師或外國律師事務所經許可後，於示範區內設立或投資法人律師事務所等等，凡此都將對台灣律師市場及業務進一步產生衝擊。可惜的是，面對種種可能的變革，我國相關單位尚未針對我國律師業進行眞正深入的產業分析，提出客觀具體的政策建議。

至於資訊科技的發達，法律界固然無法置身事外，但相較於其他領域，律師界還屬於較爲抗拒科技產品及資訊化程度不足的族群。雖然律師也逐漸習慣使用線上法律資料庫、法院電子筆錄，法院也有遠距詢問、數位簡報等相關硬體設備，但離普遍應用仍有一段差距。司法院研擬「智財法院線上起訴系統」，朝向資訊科技化法院推動，但受限於經費與人力，希望能改變律師與法院互動方式，可能還需相當努力，才能眞正到位。

薩斯金特別關注年輕律師的前景，因爲他們將直接面對或參與律師業的劇變，而其前輩的經驗將無法提供足夠的指引。我在二〇一三年十月參加香港律師會舉辦的「兩岸四地青年律師論壇」，探討兩岸四地青年律師面臨的挑戰以及跨境合作的可能性。這些年輕律師充滿熱誠，但同樣都面臨律師人數增加、市場競爭加劇的困境，急需培養其專業與人脈。當前台灣的律師業也有幾項制度性的轉變，如中華民國律師公會全聯會已通過「專業律師認證辦法」，而明年律師高考也將改採選考專業領域科目，試圖使律師朝向專業領域發展。此外，年輕律師應善用其對於資訊科技的熟悉，甚至培養跨領域的知識，使自己成爲T型人才，也可以發揮年輕律師的優勢。

面對改變，有時最好的準備便是以不變應萬變。然此並非抗拒改變，而是須固守不變的核心價值。律師的基本功能，仍在於深化專業，提供優質法律服務。當律師將其時間與才華投注於專業培養、經驗累積以及重要的策略分析，才能成爲科技或替代性服務無法取代之「可靠的專業顧問」（the trusted advisor）。

如果隨著市場演變與科技發展，法律市場上能有更多樣化的服務方式供消費者選擇，使更多人享有「司法接近權」，並藉由科技與工具的輔助，使年輕律師能有更多機會直接接觸需要的民眾，並將簡省的時間，用以深化對客戶的合作與交流，以提供高度專業以及個人化的服務。這樣的未來，應該不會是律師的末路，而是律師在明日世界值得期待的新角色！

本文作者為國際通商法律事務所執行合夥律師

推薦序

面對困境、迎接挑戰、創造價值

黃旭田

多年來，台灣的執業律師由一千多人增加到九千多人，成長驚人。而這幾年間，每年千人的律師考試錄取人數，已經使新進律師連「實習」機會都不容易找到。由律師考試錄取率是司法官考試錄取率的十倍來看，顯然因為供給（律師）增多，而（法律服務）需求並未隨之擴大，再加上經濟持續不景氣，難怪學子熱中司法官考試！看來律師這行不但不是「金飯碗」，連「鐵飯碗」都不是！這就是台灣律師業目前的部分風貌，與《明日世界的律師》書中所描述的律師業困境大同小異。

本書作者藉由長期對資訊科技發展的觀察，認為法律服務市場已經有、且會有更大幅度的變化，而這正是年輕律師的機會。作者所描繪的法律市場變化，例如「境外轉包」，也就是類似信用卡業者將客服中心放在中國的做法，目前還難以想像。但資訊科技的應用確實大幅度改變律師行業的風貌，例如二十多年前法律事務所最大部頭的資料是大追蹤出版社出版的百餘本實務資料彙編，而且因爲是活頁編輯，還得不定期抽換、更新。時至今日，那些出版品幾乎完全絕跡，取而代之是線上法律資料庫，而線上諮詢與律師廣告也愈來愈普遍。

作者認爲，面對未來，法律服務業務的拆解與市場迎合大眾才是致勝的策略，科技將創造法律服務業的種種不同風貌，這些轉變正在發展中。的確，對於大多數已經在執業的律師，甚至是打算以法律工作爲人生目標的法律系學生，上述變化其實不難理解，難的是該怎麼做？要如何迎接挑戰，才能像作者說的「開闢出新的道路」？

以下我願意拋磚引玉，就教各方：

一、法律人的專業養成，應該更重視「推理」的基本工夫：「巨量」資料已經讓人不可能「博聞」，更不可能「強記」，從「教」到「學」，「What」不再重要，重要的是「Why」，因爲資訊化時代很容易找出素材，要滿足不太需要推演而屬於標準化、系統化的法律服務需求並不困難，就像在製造業裡，機器大量生產取代人工以後，未來只有「高階手工」的製造業才能生存。因此，推理愈複雜、愈嚴謹，將來才比較容易有工作機會。抑或以嚴謹的推理能力來檢視標準化服務的可靠度，也就是把競爭力架構在大量服務之上，而不是與大量而標準化的服務直接競爭，可能才是生存之道。

二、重新學習「欣賞別人」與「合作」：傳統的升學主義再加上難考的律師考試，使得法律人要生存，似乎一定得「打敗別人」，如果懷抱這種「我比你強，我考得比你好」的「基因」，要如何心悅誠服地欣賞別人？資訊化時代的法律服務不可能單靠一個人就上知天文、下知地理，也不容易永遠都提筆能文、開口能講。事實上，「產業鏈」本身就是複雜的生態，每個人都只能貢獻其中一部分，因此一定得合作，而且是眞誠的合作。唯有眞心欣賞你的合作夥伴，甚至競爭對手，不只要「我好」，也要「你好」，「只有你好，我才會更好」，未來只有懷抱這種見得別人好的合作心，不只「利他」，更是高度「利己」，才能在充滿挑戰的時代勝出。

三、提供溫暖：這是資訊科技不容易取代人的地方。隨著資訊科技的高度發展，的確「系統」可以提供正確、迅速的答案，但從事律師工作二十多年，我深刻體悟到律師就是醫師，醫的不是「病」，醫的是「人」，這才能解釋爲什麼有些律師官司打輸了不會被換掉，而另外一些律師官司打贏了卻會被換掉！法律服務未必是輸贏勝敗，而是「一起承擔，共同走過」，關心服務對象而給予「溫暖」，在很長的時間裡，還不容易被科技取代。

推理的基本工夫，是第一層的基本競爭力，合作則帶來更多更好的服務品質，最後回到照顧當事人的初衷，用溫暖創造無限價值，這是面對「明日」我給自己的期許，也與律師界的夥伴及想要成爲法律工作者的年輕學子分享。

本文作者為元貞聯合法律事務所所長、民間公民與法治教育基金會董事

推薦序

爲年輕法律人勾劃的未來指引

陳鋕雄

身爲理工背景出身的律師倫理研究者，我長期關注科技發展對於律師業以及律師倫理的衝擊。幾年前在國際研討會的書籍展示區發現 Richard Susskind 的大作 *The End of Lawyers?*、*Transforming the Law*、*The Future of Law* 等書後，對這位頻有創見、能從宏觀角度分析律師業前景的英國學者十分欣賞，也很榮幸能爲這位作者第一本譯爲中文的新作撰寫序言。

對目前就讀法學院的學生們，以及年輕律師們而言，未來執業環境看似充滿荊棘與困難。由於超低的律師考試錄取率以及同期間強勁的經濟成長，律師曾是令人羨慕的行業。一九九〇年代，在報載某位律師的年度所得稅額高居全國個人納稅額之冠，以及某位三級貧戶出身的律師當選首都市長後，法律系更逐漸成爲高中畢業生選擇大學科系時第一類組的首選。曾幾何時，每年律師考試的錄取人數已提升到近一千人，換算人口比例不輸給近年大規模進行法學教育改革的日本與韓國，讓更多年輕學子免於多年準備國考之苦，但代價是律師業競爭激烈，業務拓展不易。不僅許多通過考試者難以找到實習機會，據聞甚至有具正式執業資格者成爲「流浪律師」，亦即無法負擔辦公室的人物力成本，只能與當事人約在餐廳會面，由當事人請客的窮律師。二〇〇八年以來的經濟低迷衝擊，更影響律師業的基盤，以及法律事務所培訓新進律師的意願。這對剛剛起步的年輕律師們，更是雪上加霜。

此時此刻，Richard Susskind 的大作，正爲有企圖心的年輕律師們提供了暮鼓晨鐘的一盞明燈，指出突破現況的可行之道。誠如本書一開始引用 Alexander Graham Bell 的話：「當一扇門闔上，另一扇門便開啓；但我們常常無盡哀傷地看著關上的門，卻沒有看到爲我們打開的那些機會。」本書所要討論的，並非短期內就會完全實現的景況，而是目前已在進行中，未來二、三十年勢必會出現的律師業新風貌，以幫助有心的年輕律師們儘早認清，好抓緊時代機會、成就一番新事業。

國內讀者對 Richard Susskind 或許有些陌生，我在此做些簡介。他是蘇格蘭人，在 Glasgow 大學完成大學部法律系學位，並在牛津大學取得博士學位。他的博士研究主題是法律與電腦，但並非一般所指的網路法律，而是指電腦科技對法律體系的影響。雖然他多次從事學術職位，但主要工作是爲許多世界上最成功的專業服務團體提供策略與科技的諮詢，尤其會計師界更認爲他是不可替代的可靠顧問。但律師業對他的言論卻有些感冒，因爲他對未來的分析預測事後多半成眞，他的言論很可能還加速了這些趨勢的發展，而這些發展卻是既有主流勢力所不樂見的。

Richard Susskind 在本書一開始指出，律師業正受到三種力量的衝擊而有重大改變。這三種力量首先是「錢少事多」的挑戰。傳統大型法律事務所的主要收費方式是「以時計費」，這套制度在二十世紀後期曾成功地打造了跨國大型法律事務所的基礎。據統計，在一九七〇年代美國法律事務所紛紛改採以時計費制後的十年內，美國前一百大企業的營收只成長了百分之一百四十，而同時段美國律師業的營業額卻成長了百分之五百。在二十一世紀初期，雖然企業對法律服務的需求仍有增無減，但因爲經濟吃緊的關係，企業願意支付給法律服務的費用降低，卻期望律師能提供相同、甚至更高品質的服務。因此律師業必須在業務管理及組織方面推陳出新，才能以更低的成本，產生更高品質的法律服務。

其次是市場自由化的衝擊。傳統律師業的霸主是如金字塔結構的大型法律事務所，通常以合夥制的方式存在。在頂端是資深和執行業務合夥人，「只有律師才能主持法律事務所」是這套系統的核心要素。當一位受僱律師努力工作而爲事務所帶來收入時，此收入會分爲三部分：一是用於支付這位律師的薪水，一是用於支付執行業務的成本，例如辦公室的開支，而第三部分就流向合夥人的口袋。在目前的律師法制下，唯有律師可以擔任合夥人，獲得這第三部分的收入。二〇〇七年英國通過 the Legal Service Act 2007，打破此項規則，讓非律師人士可以經營替代性法律服務機構，也允許外部投資者投資法律產業獲利，甚至允許非律師人士擔任法律事務所的合夥人。不只在英國，澳洲也有類似的立法。由於預估這種市場自由化的改變將產生資金人力更爲充裕、運作更爲靈活的巨型法律服務機構，因此連世界上律師最多的美國律師業也感到威脅。主要原因是：在WTO自由貿易架構下，美國未來可能必須開放市場，讓英國、澳洲的這些新型法律服務機構進入美國市場。對於長期被排除於國際政經場合，急於與各國簽訂自由貿易協定（Free Trade Agreement, FTA）的我國而言，由於正在與重視專業服務業輸出的澳洲洽談，未來也可能必須要在談判桌上面臨開放律師市場的要求。雖然國內已有數次阻止了律師業的對外開放，包括對中國的服務貿易協議原本有討論是否開放中國律師業進入的可能性，但如果未來有更多國家採取這種市場自由化的律師法制改革，我國對外開放律師業進入，對內開放非律師者參與法律服務業經營的改革壓力會與日俱增。

Richard Susskind 提出的第三項改革驅力，是持續進步的資訊科技。由英特爾、微軟和蘋果等公司引領的資訊革命，使許多舊產業被新科技淘汰或改變，影響所及幾乎使每一種產業都受到衝擊。例如，蘋果公司的 iTune 線上音樂平台使唱片業式微，Amazon 等網路書店使傳統書局紛紛倒閉，Netflix 線上租片業迫使 Blockbuster 傳統影片光碟出租業進行轉型，而蘋果的 iPhone 及 iPad 更一舉消滅了許多傳統手機大廠並重創其他電腦公司。目前的趨勢之一是，穿載式器材等資訊產品將使醫療科技更普及化，使一般人能輕易獲得過去只有到醫療機構才能獲得的醫療診斷。那麼，資訊科技對法律業的影響是如何呢？

許多台灣法律人對資訊科技的想像，大概停留在法律判決檢索、法院卷宗電子化等等。但律師、醫師等專業人士與一般人的最大差別，就在於資訊不對等，而資訊科技正是擅長於平衡資訊對等的技術。Richard Susskind 強調摩爾定律（微處理器的運算速度每兩年就會提高一倍）將使電腦的人工智慧超越想像，足以和人腦媲美。正如ＩＢＭ的超級電腦 Watson 在二〇一一年公開賽中打敗世界棋王，該公司希望用超級電腦搜尋海量醫學論文，爲醫師提供最新的精確診斷知識；同理，電腦也將能逐步接手許多過去由律師以手工藝方式提供的法律服務。事實上這在美、日等國已是現在進行式，例如在美國民事的證據開示（Discovery）過程中，由於常需檢視巨量資料，因此已有多家軟體業者開發出 e-discovery 系統，用人工智慧方式大量減少檢視證據所需的人力。人工智慧運作的法律文件系統，為使用者提供量身訂作的契約條款。虛擬線上事務所，在網路上為民眾提供法律服務。線上爭端解決機制，在網路而非實體的法院為人民解決糾紛。利用資訊科技而產生的新型態法律服務，可說是無窮無盡。

面對這三大力量的衝擊，未來的法律服務產業會是何等面貌呢？Richard Susskind 在書中做了許多分析，但對台灣的讀者而言，或許更容易理解的方式是竹科的分級代工模式。簡言之，正如同組裝一台電腦可以由不同的公司來設計處理器、記憶體、硬碟、機殼、鍵盤與螢幕等等，法律服務的內容也可以拆解成許多元素，由不同的企業體來提供，再透過專案管理（project management）來統整運作。在這個生態系下，法律服務不再是一對一（律師對當事人）的手工藝行業，而是一對多、甚至多對多的運作方式。每一種元素及多種元素的組合都可以產生一個新市場，由不同的企業體競逐。而這樣的法律服務產業不僅不會減少對律師人力的需求，反而可能創造出新的需求，而使律師的數量供不應求。這就是 Richard Susskind 所指的「另一扇窗」。有這樣的知識技能打開這扇新窗的法律人，就可以進入新的世界，開創新的天地。

看完 Richard Susskind 對未來的分析，那麼台灣的現狀又是如何？當新型態的律師執業方式出現時，往往與律師法令和律師倫理產生衝擊，因而出現相關法規是否應調整修改的問題。例如美國律師協會（American Bar Association）爲因應科技對律師執業環境的衝擊，由 20/20 Commission 在二〇一二年（本書英文版完成寫作後）作成調查報告書，建議修改律師倫理規範，並已修改完畢。在我國，與科技和新興律師執業型態有關的爭議，首推「法易通」案。

法易通股份有限公司是一家由非律師（部分員工具有法律學位，但無執照）組成的公司，其早期業務是模仿美國著名的法律服務媒合網站 LegalMatch.com，幫助有法律服務需求的民眾，找到符合其需求的律師。其做法爲先由民眾在網站中以限制閱覽的方式撰寫需求內容，再由有意承接的律師回信給民眾，最後由民眾從眾多回信的律師中選擇合作對象，自行在網站之外進行委任協商。此種強化民眾選擇律師能力的做法，曾引起部分律師的不滿，並向法務部檢舉其違反律師法，經法務部研議後認為不違反律師法。後來法易通推出一種獨創的制度，與電信公司合作推出電話諮詢專線。民眾遇到有法律諮詢（非訴訟）需求時，只要撥此專線，系統會自動連接到當時有時間及意願回答民眾問題的律師，為民眾提供平價、即時的律師服務。此服務一推出後大受歡迎，國內頂尖的商管雜誌《商業周刊》也曾有報導。截至該平台下線前，法易通的服務吸引八萬多人使用，點閱逾二十萬人次。這套系統引發許多律師的反彈，因為法易通所訂的通話費率遠低於一般法律事務所以時計費的談話費率。後來律師公會全國聯合會認為，參與法易通平台的律師和法易通依一定比例分配消費者支付的服務費，亦即雙方以拆帳的方式分享報酬，違反了律師倫理規範第十二條「律師不得以支付介紹人報酬之方式招攬業務」，因此函請各地方律師公會轉知其律師會員，加入法易通者「有違反律師倫理之虞」，應儘速退出。其後，公平交易委員會認定，全聯會之行為違反公平交易法第十四條第一項「事業不得為聯合行為」之規定。全聯會提出訴願，行政院訴願審議委員會認為此案涉及公平交易法與律師倫理之交互影響的問題，決定將原處分撤銷，發回重議。公平交易委員會並未再重作處分。由於許多律師紛紛退出法易通，法易通因此結束營業。

關於律師服務媒合行爲是否構成「以支付介紹人報酬之方式招攬業務」，其實美國各州皆有爭議，而且仲介行爲在美國一些州是有條件開放的，並非如我國一般完全禁止。最主要原因在於：「人民選擇律師的權利」，是律師倫理學極爲重視的價值，是實踐人民憲法上訴訟權的重要條件。此議題在資訊科技產生新型態媒合方式時，問題將更趨複雜，值得詳細討論。可惜的是，此案中律師公會全國聯合會對於已加入法易通的律師們，並未進行任何懲戒處分，也沒有用任何函釋等文書正式宣告加入法易通係違反律師倫理規範，而是用前所未見的警告信方式，警告律師們及早退出法易通，事後也未對任何曾參加過法易通的律師進行懲戒，故法院未能審查此案。因此嚴格而言，法易通究竟是否違反現行律師倫理規範，以及因應資訊科技擴充民眾選擇律師權利的趨勢，律師倫理規範應否調整以爲因應，在我國尚無正式權威決定，法界也未進行深入討論。

除了律師法規是否應朝向市場自由化鬆綁，法學教育能否爲法律學子做好進入律師業的準備，也是律師執業型態能否多元化的關鍵。德、美等國的法學院通常都有提供執業法學（law practice management）的相關課程，這點在我國似爲罕見。Richard Susskind 在書中語重心長地表示，現行的主流法律服務產業領導人及法學教育機構，之所以心態上不容易重視這些改變趨勢而調整執業策略和教育訓練方針，主要原因是不同世代距離「退休」的時間不同，而領導人的考慮常常只及於他退休前所會發生的事。但對於年輕世代而言，書中的描述是他們退休之前很可能會發生的改變。他引用頂尖冰上曲棍球選手 Wayne Gretzky 的著名廣告詞：「要滑向冰球『即將去』的地方，而不是冰球『曾經出現』的地方。」期盼讀者能從本書中獲得啓發，參與共創法律服務產業的新未來。

本文作者為交通大學科技法律研究所教授暨所長

二版作者序

二〇一三年本書初版的核心主張之一，即是未來二十年法律世界的變動將會比過去兩個世紀的變動幅度大上許多。這幾年來，我相信我們就站在這樣的發展軌道上。初版至今的這段期間，法律世界已有許多改變。舉例來說，許多大型法律事務所設立了低成本服務中心接手例行的法律工作；四大會計師事務所迅速擴張他們的全球法律服務能量；許多法律科技新創事業興起，現在全球有超過一千家法律科技新創公司；人工智慧如何應用於法律中已是這門專業的創新者所思所想，從市場中具領導地位的律所到法學教育皆然；在英格蘭暨威爾斯，於自由化的法律機制下，已啓動了不可勝數的「替代性商業結構」（alternative business structure，現在已經有超過五百個）；專門職業公協會，例如加拿大律師公會（Canadian Bar Association），已針對法律服務的未來發展做出許多研究；資深法官強烈倡議更普遍地利用科技；英國政府承諾將投資超過十億英鎊爲英格蘭與威爾斯的法院系統進行現代化與數位化；無數的企業內法務部門，特別是在美國，均已敦請經營者重新審視並管理相關營運；如果我沒記錯的話，購買本書的中文世界律師比英文世界律師還多。簡言之，過去短短幾年來已有許多改變。在此同時，大部分論者都會同意，改變的腳步正在加速。整個法律行業中的許多領導者也都承認，法律的世界正邁入轉型期。

事實上，我們才剛暖身而已。

我自己的想法也持續演進。我向來樂於向法律事務所的同仁學習，他們每個人都奮力向前，擁抱不同的分工模式以及新穎的科技。過去幾年我也全心思考著線上爭端解決機制的問題。我在民事司法委員會（Civil Justice Council）主持一個顧問小組，負責設計線上法庭的概念，而現在線上法庭已經是英格蘭與威爾斯的司法機關與政府部門的政策目標。最重要的是，我很幸運能夠跟我兒子丹尼爾．薩斯金（Daniel Susskind）共同撰寫《未來的專業》（*The Future of the Professions*）一書，他是牛津大學貝里奧爾學院（Balliol College, Oxford）的經濟研究員；該書出版於二〇一五年，討論的範圍不只是法律行業，還觸及其他的專業，而且藉由與經濟學者一起探討，讓我能夠重新檢視自己過去的一些分析。

綜上所述，本書的第一版稍有過時。因此，第二版的目的是要說明近期法律市場的各項進步，以及我個人在想法上與經驗上的開展。我已盡量精簡，因爲重點是整體環境，包括各種大趨勢與可能結果。我的主要目的是鼓勵開放性的思辨，以期改善我們的法律制度。雖然本書原先設定的讀者群是年輕律師，但顯然資深的律師也喜歡不厚重也不太貴的書。對此我樂觀其成，所有的律師，除非今天就要退休，否則你們都是明日世界的律師。

二〇一六年十月，書於英國瑞德雷特（Radlett）

初版作者序

撰寫這本書是想針對當前法律專業及司法體系所面臨的迫切議題，提供明日世界的律師們與法學教育者一個扼要的理解。毫無疑問，我們正處於法律界的重大轉變之際，我的主要目的是鼓勵大家就當前這些驅動改變的力量以及可能產生的影響，進行更廣泛的討論。

雖然本書初始的構想是作爲下一代法律人未來的指引，但我期待更多有經驗的法律執業者也能加以閱讀。無暇觀看長篇累牘的專業人士，我希望本書能夠簡潔有力地表達我的觀點。當然，這本書同時也是我個人對法律市場趨勢分析的更新版。

我並不期待所有讀者都同意我的看法。然而，本書若能引發更多人對法律及法律人的未來做更嚴肅的反省與討論，吾願足矣。話又說回來，由於我們生活在變化如此快速的時代，這本書注定有其不盡完善之處。每一天，我都會聽到法界創新做法的故事，也許是新的法律業務、也許是線上作業，又或許是創意概念的交流，爲的是以不同方式滿足客戶的需求。只不過在蒐羅這些創新做法時，我必須設定一個時間點，因此初版書中所提到的事例都是在二〇一二年五月底前出現的。在這個期限至後來本書出版之間，若有重要的新式法律服務推出，我完全不意外。

有多位我需要感謝的對象。首先，我要感謝牛津大學出版社的團隊。這本書是牛津大學出版社為我出版的第五本作品，我始終認為與如此受到敬重的單位合作是一種殊榮。特別要感謝英國的露絲・安德森（Ruth Anderson）與蘇菲・巴翰（Sophie Barham），以及美國的奈爾・席爾柏博格（Ninell Silberberg）親切的支持與指點。另外，我必須對多位仲裁人表示感謝，謝謝他們以不具名的方式幫我評估這本書的提案計畫，並提出多方的建議，增加了本書的可讀性。

下一位要感謝的人是派翠西亞・凱托（Patricia Cato），她不但幫我整理版本多到數不清的原稿，還游刃有餘地整理我以連珠砲式的格拉斯哥口音錄下來的音檔，她的效率比任何語音辨識系統都還要棒。

除此之外，奈維爾・艾森柏格（Neville Eisenberg）、海索・堅恩（Hazel Genn）、丹尼爾・哈利斯（Daniel Harris）、勞倫斯・米爾斯（Laurence Mills）、大衛・摩利（David Morley）、亞倫・派德森（Alan Paterson）以及湯尼・威廉斯

（Tony Williams），這群朋友與同事的指導、鼓勵與批評，也讓我獲益良多，他們慷慨犧牲自己許多時間閱讀本書初稿。我要對他們每一位致上最由衷的感謝。

在此還要特別提到兩位審書人——小犬丹尼爾和傑米。沒有他們的愛與鼓勵，不會有這本書的存在。當我興起寫書鼓勵年輕律師的念頭時，他們滿懷熱情；當其他事務讓我難以持續寫作的動力時，他們不斷激勵我，不僅如此，他們對本書初稿的內容更是知無不言、言無不盡。他們博聞與清晰的思緒讓我大感驚喜。

還要感謝身兼我女兒與摯友角色的阿莉，這本書就是獻給她和她兩位兄長的。我珍惜我們共度的每一刻，世界上再也找不到比她更棒的女兒了。

二〇一二年六月

當一扇門闔上，另一扇門便開啟；

但我們常常無盡哀傷地看著關上的門，卻沒有看到為我們打開的那些機會。

——亞歷山大・格拉漢・貝爾 *Alexander Graham Bell*

機構會嘗試保留它們本身作為解答的問題。

——克雷・薛基 *Clay Shirky*

CONTENTS

第二部　法律市場的新風貌

第六章　法律事務所的未來

第七章　企業律師的角色變化

第八章　改變的時機

第三部　年輕律師的前景

前言

我要向擁有鴻鵠之志的年輕律師介紹未來大概會是什麼樣子。

未來的法律世界，一如本書的預測與說明，將與過去大相逕庭。法律機構與律師正面臨關鍵抉擇，而且未來二十年的改變將比過去兩百年所經歷的變動還要劇烈。如果你剛好是位年輕的律師，那麼這場大變革來臨之際，你將可以恭逢其盛。

「年輕律師」這個詞應作廣義解讀，從考慮從事法律工作的學生，到剛榮升事務所合夥人卻對前景感到懷疑的法律從業人士，都在範圍之內。這本書也是寫給對新興法律事業有興趣的人，例如那些尋求重新定義法律市場的高科技新創公司以及新型態的法律事務所。

對傳統事務所裡那些德高望重的律師而言，或許看了兩段就覺得這本書可以不必再讀下去，但我要提出警告：儘管未來的發展看似主要關乎下一代的法律從業人員，特別是通訊科技產業這個領域，然而我在書中論及的一些轉型，未來幾年就會實現。除非行將退休，否則我提到的情況必定也會直接影響到年長的律師。更有甚者，今日法界的領導者絕不能只是原地踏步，直到領退休金的日子到來，而是必須以長遠的未來為己任，為後代留下功績。

「我所訴求的是年輕的心，無關年歲，」約翰．甘乃迪曾這麼說過。現在我也要拾人牙慧一番。本書的訴求對象，是擁有年輕的心、活力充沛、樂觀以待的人，以及那些和我一同體認到，我們不但有能力也有責任，將我們的法律與司法體系加以現代化。

法律專業的斷裂

本書問世之際，法界人士正為一連串重要的議題激烈爭辯。大家都有著深切的憂慮，諸如擔心公共法律基金的刪減，可能會降低「司法接近權」（access to justice）；法學院提供的學生名額似乎大於法律市場的工作機會；以及不符成本的法庭訴訟。

對於這些憂慮以及其他許多缺失，我提出了補救之道，但我的對策與多數職涯顧問、家長、教授及執業律師所提供的答案不太一樣。舉個例子：大多數的律師都支持微幅刪減法律扶助金，我則認爲我們應該開發與推動提供法律指引的替代方式，尤其是透過網路提供法律服務；當評論家批評法學院過度招生，我看到的是一整套令人興奮的新工作正等待著未來的律師，只不過我擔心我們並未讓這些學生與年輕律師做好準備；當法官與律師努力在控制訴訟成本，我認爲我們應該引進虛擬審訊、線上法庭以及線上爭端解決的機制。

今日大多數的法界子民傾向從過去的經歷尋找問題的解決之道，也常常認定法律專業不會有什麼變動。相反的，我預測隨著時間推進，現有的法律產業會出現斷裂，而新興的法律執業將與當前的法律體制大有不同。明日世界的法律服務既非約翰·葛理遜（John Grisham）[1]書中描述的景象，也不是《法庭上的魯波爾》（*Rumpole of the Bailey*）[2]所詮釋的樣子；既非假髮在頂，也不是有木頭隔板的法庭，更沒有皮革封面的大部頭書籍，或令人摸不著頭腦的法律術語。即便當前主

1 譯按：美國律師、政治人與小說家，以暢銷的法律驚悚小說著稱。

2 譯按：英國電視影集，劇本出自英國作家與訴訟律師約翰·摩泰門（John Mortimer）之手。

流的律師業務亦將不復盛行——也就是由法律顧問在金碧輝煌或滿佈灰塵的辦公室裡接見當事人，面對面提供專業的法律諮詢，給予客製化建議的那種模式。爲了滿足客戶的需求，我們必須揚棄許多現行的家庭工業模式，創造提供法律服務的新方法。一如其他產業正經歷巨大的變動，法律產業必然無法置身事外。事實上，法律世界的變化已經開始。爲客戶打造專屬解決方案的法律專家將會面臨新工作方式的挑戰，其特色是：勞動成本較低、大量客製化、法律知識再利用、通訊科技的廣泛使用等等。

一九七〇年代末、八〇年代初，當我還是個法學院學生時，幾乎沒有法律學子願意花時間去想法律產業的未來會是什麼樣的景況。我們理所當然地認爲律師的工作，在譬如未來二十五年內，應該跟我們那個時候沒有太大的不同。結果我們當初的預測還算正確。然而，放眼未來的二十五年，若繼續期待律師與法庭的運作系統仍然會跟現在一樣，我覺得很可笑。只要看看資訊科技飛騰發展及所向披靡的態勢，我們就可以預期未來的變化絕非是小幅修正而已，而這不過是諸多驅動改變的力量之一。

爲何聽我之言？

也許你以爲有一群法界的資深前輩正在爲法律人以及法律體系的長遠未來做打算。可惜的是，這些位居高位者，不論是政治人物、法律事務所的資深合夥人、立法者、法學教授、頂尖的法官，甚至是法律團體領袖，他們看到最遠的未來也不過是接下來幾年。當前這個經濟困頓的時代，眼前的問題似乎就已經夠讓人頭痛了。

事實上，全世界只有寥寥幾十位律師與教授投身於長遠的計畫和理論建立（想瞭解他們的論述，請參見書末延伸閱讀裡的參考書目）。我身爲其中一員，以未來展望爲題，從事寫作、演講與建議諮詢。我的旅程始於一九八一年，當時我還只是格拉斯哥大學（University of Glasgow）法律系三年級的學生。之後我陸續在牛津大學撰寫法律與電腦相關的博士論文，也在「全球四大會計師事務所」[3]之一工作了好幾年，而九〇年代大部分時間則爲一家國際法律事務所服務，並擔任該事務所三年的董事。我做了二十多年的法律系教授，爲世界各地的法律事務所、企業或組

3 譯按：包括勤業眾信（Deloitte）、資誠（PricewaterhouseCoopers）、安永（Ernst & Young）以及安侯建業（KPMG）。

織的法務部門、政府及司法單位擔任獨立顧問也有十五年的經驗了。

即使最嚴厲的評論者也必須承認，過去二十五年間，在眾多我所撰寫的書籍與報紙專欄裡，我所提出的預測，正確數遠高於錯誤值。因此，我要說：如果我預料中那個將產生巨變的法律世界眞的有可能出現，那麼就值得我們花上幾個小時的時間，好好思考它的意義。如果我十猜九中的運氣可以繼續，那麼你買這本書應該不會賠錢；其實我現在對自己的預測可比九〇年代那時更有信心。我希望讀者在閱讀時，不要生起防衛心（「我們要如何阻止這些趨勢？」），反而要在書頁中看到新的選擇與機會（「我要成爲開路先鋒！」）。

本書的架構安排

本書分成三個部分。第一部是將我之前出版的三本書：《法律的未來》（*The Future of Law*, 1996）、《改變法律》（*Transforming the Law*, 2000），以及《律師末路？》（*The End of Lawyers?*, 2008）裡頭的想法，爲年輕又胸懷大志的律師做了去蕪存菁和重點強調。我將介紹造成法律市場轉變的驅動力、解釋這些力量爲什麼以及將如何改變律師的工作型態，並鼓勵新的法律服務提供者以創新的服務方式投入市場。此外，我簡述了許多我相信將瓦解傳統律師業務的科技。這些章節內容的焦點，一如整本書的重點，主要是放在商業法律事務所提供的民事服務（civil works），但也並非完全如此。對於已經透過其他著作熟悉我觀點的讀者，我懇請你不要略過第一部，因為本書執筆之際，法律市場與作者本人的想法都有了重要的發展轉變。

在第二部，我依照自己的預測勾勒出法律市場的新樣貌。我會論及法律事務所的未來、企業內部的法律顧問所面臨的挑戰，以及我預料會出現的轉變過程。我也提出一些可以藉由各種線上法律服務克服的「司法接近權」的問題。另外，針對法官與法院的工作、虛擬審訊的發展、線上爭端解決機制等議題，我也做出了一些預測。我亦將趁此機會重新檢視在《法律的未來》一書中所提出的，對於法律世界未來二十年的預測。

最後，在本書的第三部，我把重點放在年輕律師的前景。未來會有什麼樣的新工作和新僱主，以及下一代律師的訓練目的與該如何訓練。而針對這些問題，我提出了樂觀又具鼓勵性的答案。我同時拋出一些尖銳的問題，供年輕律師檢視現在以及未來可能的僱主。最後，展望未來，尤其在ＡＩ技術層面，我向各地（心裡仍保持）年輕的律師提出一個挑戰，作爲本書的結束。

韋恩・格瑞斯基（Wayne Gretzky）稱得上是世界頂尖的冰上曲棍球選手，他曾說過這麼一句著名的廣告台詞：「要滑向冰球即將去的地方，而不是冰球曾經出現的地方。」同樣的，當法律人思考著未來時，不論他們想的是法律事務所抑或法學院，都應該爲將來可能出現而非曾經如何的法律市場，做好準備。可惜，套用冰上曲棍球的術語，大多數的法律人現在仍朝著冰球曾經出現的位置滑去。因此，我的目的是要告訴大家，那塊冰球最可能停留的位置在哪兒。

第一部　法律市場的激變

第一章

改變的三個驅力

由法律專家所組成的封閉圈子，
似乎無法提供消費者足夠的選擇。
數十年來，
這樣的不滿導致批評者與改革者主張，
法律是個不合理的獨占事業，
法律執業更是一種設限以及反競爭的行為……

法律市場正經歷前所未有的轉變。接下來的二十年間，律師工作的方式將徹底改變。我們將看到提供法律服務的全新方式，新的法律服務業者會進入市場，而法院的運作模式也將轉型。除非順應變化，否則許多傳統的法律執業都將面臨末路。另外一方面，全新的機會將呈現在具有企業家精神與創造力的年輕律師眼前。

我認為造成這種改變的驅力有三個：「錢少事多」的挑戰、市場自由化，以及資訊科技的進展。其他論者或許會指出不同的原因，譬如人口結構的變化、全球化趨勢。我並不否認這些因素的重要性，不過在此我特別強調的是法律服務方式的改變；綜合我所有的研究與顧問工作，加以我在職場的所見所聞，使我堅信我所提出的這三個驅力確實值得注意。且讓我一一說明。

「錢少事多」的挑戰

律師的客戶形形色色都有：有可能是大型企業或組織內部的法律顧問，他們的主要任務是在企業面臨重大糾紛或有重大交易要處理時，提供具體的法律建議；也有可能是中小型企業的經理人，他們有一堆租賃、聘僱的問題，還要符合各式各樣的政府規定；當然還有一般人民，他們遇到搬家問題、債務問題、人身傷害賠償等等，需要法律協助。儘管法律服務的需求五花八門，目前這些當事人都面臨一個大挑戰——一般說來，他們無法負擔以傳統方式提供的法務服務的費用。

法務長，也就是企業或組織裡法務部門的最高主管，不約而同提到他們面對三個難題。第一，由於經濟吃緊，他們都面臨縮編法務團隊的壓力。第二，公司營運者、財務長及董事會都要求他們刪減尋求外部法律事務所協助的費用。第三，他們現在要處理的法律工作量比以前繁重，風險也是空前的高。許多法務長表示，上級要求他們刪減百分之三十到五十不等的整體法務預算。看起來他們很難撐得下去。這些大公司與金融機構的法務面臨工作量增加但資源縮水的窘境。在這樣的環境下，勢必得做出妥協。我把這個問題稱爲「錢少事多」的挑戰——企業內部的律師要如何以較低的成本與外部的法律事務所合作，提供企業更多的法律服務？

這種錢少事多的挑戰絕非只有任職於大企業的律師才會碰到。小型企業也遭遇同樣的困境。這些小商號沒有自家的法律顧問或專屬律師，每當他們需要法律協助時，目前的做法是求助於法律事務所。然而，在法律服務需求如此龐大的時代，許多企業人士都承認他們負擔不起律師費用，因此經常被迫在沒有法律指導下冒險行事。至於消費者，雖然法律對我們的生活很重要，但是公共法律扶助的大幅縮減，實際上造成只有最有錢與最貧窮的人有辦法負擔律師費用。連一般公民都面臨了這個錢少事多的挑戰。

我相信這個挑戰最能夠代表未來十年法律市場的景況。我預期它將會不可逆地改變律師的工作方式。

市場自由化

改變的第二個主要驅力是市場的自由化。先做點背景說明應該有所幫助。不論就歷史或現狀而言，在大多數的國家，只有合格的律師才能夠提供法律服務，甚至有特定的組織規定（以合夥制的事務所爲典型）。法規明訂了什麼樣的人可以成爲律師、什麼樣的人可以經營和擁有法律事務所，以及可以提供什麼樣的法律服務。不同的國家有不同的規定，在英格蘭與威爾斯採所謂的「指定」（reserved）法律業務（只有合格律師才可承接的工作），比美國採行的「許可的法律執業」（authorized practice of law）要來得狹隘許多。然而，「律師獨占」（exclusivity of lawyer）這個原則卻是多數司法轄區所接受的。這個獨占原則的正當性來自於：爲當事人的利益著想，提供法律建議者必須受過適當的訓練、擁有適當的經驗。試想，我們絕對不希望隨便一個張三李四就可以替我們進行腦部手術；同理，我們也不會希望隨便一個人就可以代表我們出庭。

不過有個大問題是，這個由法律專家所組成的封閉圈子，似乎無法提供消費者足夠的選擇。數十年來，這樣的不滿導致批評者與改革者主張，法律是個不合理的獨占事業，法律執業更是一種設限以及反競爭的行爲。因此，許多人遊說當局必須放寬提供法律服務的限制。這是一種市場自由化的呼籲。（請注意，自由化與解除管制這個惡獸不同。大多數倡導自由化的人仍然認爲律師要受到規範，也希望新型態的法律服務提供者受到管制。）

在英格蘭與蘇格蘭，法律市場自由化的倡議在二〇〇四年得到了回應，大衛・克萊曼提爵士（Sir David Clementi，一位會計師而非律師）[4]受英國大法官指派，評估國家制訂的法律服務規章，隨後發表了一份被稱爲「克萊曼提報告」（Clementi Report）的獨立評論。該報告正視並呼應大家對法律市場限制性執業的

4 譯按：曾任英國中央銀行副總裁。

憂心，建議適當放寬法規。這份報告導致英國於二〇〇七年通過法律服務條例（the Legal Service Act 2007），透過這個條例與許多其他規定，英國開放設立大家稱爲**「替代性商業結構」**（alternative business structures，簡稱ABSs）的新型態法律產業，讓非律師人士可以經營法律業務，也允許諸如私募基金以及投資基金這類的外部投資者將資金投入法律產業，並允許非律師人士擔任法律事務所的合夥人。（蘇格蘭也有類似的立法，但較爲保守一些。）

在英格蘭與威爾斯，對這個議題的相關報導不曾間斷。二〇一一年十月，新的合夥人規定正式生效；二〇一二年三月，英國律師管理局（Solicitors Regulation Authority）開始核發替代性商業結構的執照。核發的執照共計超過五百家，包括四大會計師事務所中的三家（KPMG、資誠、安永），顯見他們對法律市場的興趣漸增（參見第十四章）。幾家老字號的法律事務所，像是厄文·米契爾事務所（Irwin Mitchell LLP）、耐特斯法律事務所（Knights）以及韋特曼斯法律事務所（Weightmans），也都已經取得替代性商業結構的執照，無數小型事務所和新創公司也爭相投入。家喻戶曉的企業，像是英國電信集團ＢＴ、保險公司 Direct Line、ＡＡ企業亦取得執照。

屬於英國合作集團（the Co-operative Group）一員的合作法律服務（Co-operative Legal Services），是第一家取得這張執照的重要消費品牌。合作法律服務取得的營業執照可以進行三種指定的法律業務：遺囑認證、不動產讓渡、訴訟；除此之外，合作集團還宣布，計畫在全英國三百三十家銀行分行提供法律服務，並打算為法律部門增加三千個新的工作機會。這樣的行動引起很多迴響。隔年合作集團在執行上顯然遭遇許多問題。儘管如此，由知名商業品牌提供法律服務的願景仍然吸引很多消費者，而且在未來幾年可能會實現，不論是否是投過英國合作集團。同時間，許多法律事務所正爭相與私募基金公司商議轉型成為替代性商業結構後的外部投資事宜，根據蘇格蘭皇家銀行的估計，屆時這個產業的總投資金額將高達十億英鎊。

這些發展不但具有深遠的意義，也代表與傳統法律服務的分道揚鑣。當然，並非所有的發展趨勢都源於法律服務條例；這項立法的重要性不在於法規本身，而在於讓英國的法律市場出現前所未有的企業家精神。即使在尚未自由化的領域，我們也看到業者掙脫了原來對法律服務的狹隘視野，有了更寬廣的想法。法律市場出現新的服務提供者和新的競爭者。沒有人知道這些想法與影響會把我們帶往何處。現在時機還未成熟到足以提出令人信服的發展結果。這就是市場的本質。不過我們可以確定的是，改變正在發生。投資者、企業家，外加各商業品牌，全都看到了價值兩百五十億英鎊的英國法律市場其實非常沒有效率，也看到了許多絕佳的市場機會，可以以較低廉但對客戶更友善的嶄新方式提供法律服務。

這些新加入的競爭者並不打算採取傳統的工作型態。舉例來說，他們不認爲所有的法律業務都得由坐在市中心昂貴大樓裡的昂貴律師處理。他們也不像許多傳統的律師那樣，堅持法律服務應該以鐘點來計費。這些入行者不受舊有的工作模式侷限。他們對改變充滿熱情，而且相較於從未受過商業訓練的多數律師，這些新人更有商業頭腦。隨著時間演進，受到零售業的衝擊、企業管理方法的採用，並且引入投資基金作爲後盾，這個法律世界注定會變得非常不同。

簡言之，市場的力量正橫掃英國的法律產業，勢必將爲傳統的法律事務所帶來激烈的競爭壓力。市場自由化的影響，是當前正夯的議題。然而，許多大型的法律事務所仍相信，這些變化只跟那些位於商業大街上的一般法律事務所有關，也只會對那些事務所產生威脅，因爲只有那些事務所才會接些獲益不高的案子，也就是工作量大但價值不高。這些大型事務所認爲他們不需要外部投資。但不要忘記，市場自由化會誘使全球四大會計師事務所重返法律市，進而帶來各方面的競爭。除此之外，大型法律事務所或許不需要外部金援去從事傳統的法律業務，不過他們能否游刃有餘地提供新的服務，譬如在重要客戶那兒設立合作服務中心等等（參見第二章），則是未知之數。

在還沒有跟上市場自由化腳步的其他國家（大多數國家都尚未開放），律師們常常以各式各樣的理由漠視這種改革開放的現象，他們認爲這些改變是極少數的司法管轄區因爲受到誤導才會出現的突發狀況。然而，我推測，當這波自由化帶來的法律業務以及法律服務可以解決客戶愈來愈迫切的成本預算的問題時，其餘波勢必會影響全世界。在市場自由化的國家，受惠於新型態法律服務的國際企業法務長，將可以合理地要求自己的國家提供類似的服務。至於那些處於傳統市場的法律事務所，則可能會發現自己面臨競爭劣勢，因爲他們無法爲野心勃勃的新事業募集到資金。當然，其他國家究竟會不會回應法律市場自由化的可能性，以及就算回應，會如何回應，仍有待觀察。在美國，很多相關問題在地方律師協會的審查中，在我看來改變可期，美國律師協會（American Bar Association）的二〇／二〇倫理委員會（20/20 Commission）較爲保守（二〇一二年做出報告），但探討法律服務的未來的委員會相對就比較開放（二〇一六年做出報告）。加拿大律師協會也關注自由化的議題，二〇一四年做出報告「未來：加拿大法律服務提供方式的轉變」。我預計大約十年內，在這波紛擾和多頭馬車之後，西方多數的國家以及許多新興的司法管轄地區，都將出現如英國般的法律市場自由化。就算沒有順此進展，已經自由化的國家也會爲其他國家帶來自由化。

資訊科技的進展

過去三十五年來，我很大部分的時間都投入研究資訊科技對於律師以及法庭的影響，並爲文探討相關的議題。我也向數不清的法律事務所、企業的法務部門及政府單位提供相關的建議。大體來說，法律專業尚未擁抱全新的體系，不過他們愈來愈明白自己不可能自外於科技浪潮。

資訊科技無處不在。全球有五十億的手機用戶、三十五億的網路使用人口、二十五億個電子郵件信箱、十七億的臉書用戶。根據 Google 執行董事長艾瑞克・施密特（Eric Schmidt）的說法，每隔兩天「我們創造出來的資訊量，相當於從人類文明之初到二〇〇三年所創造出來的資訊總量」。據此觀點（事實上現在更多，因爲施密特是在幾年前這麼說的），每隔兩天，我們就創造出超過 5×10^{18} 位元的資料。

資訊科技與網路絕非短暫的狂熱，相反的，由於雲端運算的出現，資訊以及資訊處理的能力已如水、電、瓦斯等日常資源一樣愈來愈普及。即使如此，許多律師仍像無知的孩子，告訴我資訊科技被過度渲染。他們指出網路泡沫的破滅，並因此宣稱資訊科技的影響正在衰退。言人人殊。但這種說法曲解了資訊科技的趨勢。有些律師可能聽過摩爾定律（Moore's Law）這個名詞；這個定律無關地產，而是一九六五年英特爾（Intel）創建人戈登．摩爾（Gordon Moore）的一個預言。他預測電腦的資料處理能力每兩年會增進一倍，但價格會腰斬一半。當時持懷疑心態的人說這種狀況持續幾年就會停止。結果到現在，這個趨勢依然未減。電腦科學家與材料科學家都認爲，這個趨勢在可見的未來仍將持續不墜。

未來學家瑞．柯茲威爾（Raymond Kurzweil）在他的傑作《奇點迫近》（*The Sin-gularity is Near*）一書中，提出一個實例說明摩爾定律的未來發展。根據他的說法，到二〇二〇年時，一般的桌上型電腦的資料處理能力將相當於人腦；神經科學家告訴我們，人腦每秒的運算量約為十的十六次方。這樣的發展簡直匪夷所思，一九七三年我十二歲時，手上拿著生平第一台（大型）電子計算機，然後不到五十年的時間，跟那台計算機一樣大小的機器，將擁有與人腦相同的資料處理能力。不過比起接下來的發展，目前的成績根本連匪夷所思這四個字的邊都搆不著——根據柯茲威爾的預測，二〇五〇年時，一般桌上型電腦的資料處理能力將超過所有人類能力的總和。你可以說我太激進了，但我認為如果我們可以看到電腦超越全體人類智慧的那一天來臨，那麼律師或許也應該重新思考一下他們的工作方式。若要說資訊科技將大幅改變我們的經濟和社會，卻獨漏法律產業，未免太說不過去了。

值得注意的是，資料處理能力的指數成長，也反映在大多數的科技面上（晶片可容納的電晶體數量、硬碟容量、電腦記憶體、網站數量等等）。不僅如此，科技的本質與角色也在改變。一九九七年的網路使用者（當時全世界總共約有四千或五千萬的使用者）只是被動的接收者，只能接收網站提供者選擇公布或傳送的資訊。十多年後，我們邁入新的世紀，一般人（非電腦專家）也可以直接貢獻與參與網路。使用者已經變成提供者。讀者轉為作者。接收者成了參與者。使用者也可以貢獻資訊。不論部落客、社群網站使用者、資訊分享者，或者是像維基百科以及

YouTube 這類的線上資源網站，大家都在發掘資訊製造以及合作的新方式。

這些現象令人振奮，可是一旦思及科技和網路沒有終點這個事實，卻也讓人憂心。我們的工具和系統的能力日漸提升。除了資訊科技正持續改變，數不清的應用方式也日新月異。有些事情想起來實在不可思議，舉例來說，幾年後，我們的網路生活將會被今日幾乎沒有人聽過或還沒有發明的系統所主宰。八年前，幾乎沒有任何律師聽過推特（Twitter），但是今日世界已有五億人口使用推特。儘管有這麼多使用者，我老是覺得律師們在等著推特自行退場。在抗拒推特以及抗拒其他新興資訊系統的過程中，我們往往目睹了一種我稱之爲「非理性抗拒主義」（irrational rejectionism）的現象——懷疑者在沒有任何直接的個人接觸經驗下，就武斷而本能地拒絕某種科技。然而，法律專業的一大挑戰，正是儘早接納新的系統，找出並掌握新興科技提供的機會。

身爲律師，我們需要有開放的胸襟，因爲我們生活在一個史無前例的科技時代。科技的載具變得愈來愈有效能。

想想人工智慧的發展，特別是ＩＢＭ公司的電腦「華生」（Watson）[5]在二〇

5 譯按：以ＩＢＭ的創始人湯瑪斯·華生（Thomas J. Watson）爲名的超級電腦。

一一年於美國的益智節目《危險境地》（*Jeopardy*）中的表現！華森擊敗了該節目有史以來最優秀的兩位人類競爭對手。這當然是驚人的科技成果，因爲這個系統結合了先進的語言理解能力、機械學習能力、資訊擷取能力、知識處理能力、語音合成等等。就在 Google 替我們擷取各種資訊之際，華生的表現讓我們知道，在未來的幾年，以人工智慧爲基礎的系統將如何與我們對話、解決我們的問題。然而，當我在英國的法律企業演講時，我發現聽過華生電腦的人不及四分之一。

另一項如華生電腦般驚人的成就，是機器學習的進展。我最喜歡的一個舉例是 AlphaGo，由 Google 旗下的 DeepMind 公司開發設計的圍棋人工智慧程式。AlphaGo 的招式比宇宙的原子數量還多，也遠超過人工智慧專家們長期以來懷疑可以打敗最厲害玩家的任何系統。二〇一六年 AlphaGo 以四比一的戰績擊敗世界頂尖的圍棋好手。藉由深度神經網路（deep neural networks）的運算模式，這個系統結合監督式學習（supervised learning，根據過去人類專家的比賽經驗）和強化學習（reinforcement learning，根據幾百萬次的自我練習與不斷改進）的訓練。它的表現會被人類冠軍好手形容爲「下得漂亮」。令有些人不安的是，這個程式展現出人類身上才會有的「創意」和「創新」的能力。當然，它的招式已經超越當初創造這個系統的人的想像。在法律科技上，一個最令人振奮的可能性是在發展法律系統時利用強化學習（機器學習領域的一大分支）。這將會是博士論文的一個大主題。

許多新的以及正在興起的運用程式，並非單純地將已經存在但效率不彰的人工處理程序加以電腦化和效率化。這些系統並非自動化，而是創新，用我的話來說，它們讓我們可以去執行過去不可能（甚至無法想像）的工作。這一點值得律師們深思——資訊科技和網路所帶來的挑戰，並不只是把沒有效率的業務自動化。眞正的挑戰在於創新，使用我們以前無法做到的方式去執行法律業務。

然而，許多創新的科技同時也具有破壞性。這表示它們不但不支援傳統的工作方式，也不樂見傳統方式繼續存在。這些系統從根本挑戰並改變傳統的習慣。如此一來它們將取而代之。這些極具滲透性、以指數成長的創新科技，將破壞並徹底改變律師與法院的運作模式。

科技帶來的許多改變，特別是社交網路，對於身爲網路世代成熟會員的法界年輕人應該都不陌生。（我所定義的網路世代，是指不記得網路之前的世界是什麼樣子的世代。）有趣的是，大多數的年輕律師都還沒有想過把社交運用的資訊科技帶進工作領域，或者去思考這些科技對自己的工作可以發揮什麼樣的影響。投入人工智慧與機器學習的年輕律師更是少數。這不是一個好預兆。

總的來說，我認爲錢少事多、市場自由化、資訊科技這三股驅力，將徹底轉變律師工作的方式。完美的風暴[6]即將出現。僅僅市場自由化和資訊科技本身，就足以帶來（啓動）改革，不過正因爲不景氣的經濟狀況，錢少事多的挑戰將持續主導法律市場的改變。

6 譯按：在氣象學上，「完美的風暴」（perfect storm）是指根據海水表面溫度和大氣頂層溫度的差距，所模擬出來颱風可能發展的最大強度，今日則衍生泛指因為各層面恰巧結合在一起，使得某件事戲劇性地變成驚天動地的大事。

第二章

成功的策略

法律服務的不同定價方式無法有效滿足客户節省成本的需求。
我認為法律事務所現在必須把重心
從不同的定價策略轉移到不同的工作方式。

前述造成改變的三股力量，正驅使世界各地的法律事務所的領導者，尋思法律市場的機會與威脅，而這是過去他們不太需要去面對的。當客戶承受成本的壓力、企業環境快速轉變，深謀遠慮的法律事務所都試著要回應市場的需求。換言之，這些事務所投入許多時間和努力，構思接下來幾年以及長遠未來的對策。

降低收費

或許有人以為要迎戰錢少事多這個挑戰，最好的辦法就是少收點錢。然而，對於那些截至二〇〇七年為止，已經享受了連續二十年幾乎不曾間斷的業績成長的法律事務所來說，少收點費用的建議理當不太受到歡迎。儘管如此，在經濟困頓的時代，法律事務所還是願意釋出善意，因此許多事務所近來提出了「替代性的計費方式」（alternative fee arrangements，有時簡稱 AFAs）。律師心中可以被替代的收費方式指的是「按時計費」。這種計費方式從一九七〇年代中期開始成為法律服務的主流。事實上，按時計價不只是法律業務的收費方式，也是一種生活方式和心態。律師以他們付出的時間向客戶索費，亦即他們投入的精力以及產出的結果。而直到不久前，大多數的客戶對這種計價方式似乎也都欣然接受。

我女兒的一個小插曲正好可以說明按時計費的缺失。這小丫頭十二歲的時候，請我給她一份暑期工作。當時我剛好要找人處理一些文書工作，於是她便同意接下。她問我打算付她多少錢，我隨口回答說每個小時我會付她一個固定金額。她想了想，帶著微笑說：「那我就慢慢來吧。」如果一個十二歲的孩子都看得出來按時計費的問題，我實在搞不懂爲什麼大多數的國際企業竟然視若無睹。按時計費是妨礙效率的一種制度設計，這個制度獎勵那些花比較長的時間才完成任務的律師，懲罰工作迅速又有效率的人。律師投入的時間和產出的價值不成正比已經是見怪不怪的事。一個菜鳥律師在某項任務上耗費了五十個小時，有時候還比不上一個老鳥律師（根據經驗處理）只花半個小時的時間。

然而，這種在大型事務所行之有年的主流文化，讓律師盡可能地增加工時。在這種做法背後，是一個已經主宰專業法律事務所數十年的企業模式——不論在理論上或實務上，理想的狀況是建立一個金字塔型的結構，頂端是合夥人（equity partner，也就是事務所老闆），合夥人下面是一群資淺的律師，他們辛苦努力爲事務所帶來的收益遠超過他們領到的薪水。在這種企業模式下，金字塔的底部愈寬，事務所的獲利就愈豐。因此，舉例來說，一流的美國法律事務所旗下的許多律師，每年預期要提供兩千至兩千五百個小時的計時服務，可惜這種足以確保事務所龐大獲利的設計，卻讓客戶愈來愈失望。

我順便提一下單位計費與個人收入。在那些商業化的大型法律事務所裡，假設合夥人每小時的收費超過九百元英鎊，其他律師的收費則大約是一半，這種收費制度爲合夥人帶來相當的利潤。全球有超過七十家法律事務所的多數合夥人，年收入超過一百萬英鎊，其中不乏遠遠超過一百萬者。這些合夥人當中有不少都承認當初踏入法律圈時，連作夢都沒想過會有這樣的收益，而且他們當初之所以選擇法律作爲終身志業，也不是因爲豐厚的報酬。反觀今日，很多優秀的法學院畢業生之所以踏入法界，完全是衝著可觀的「錢」途。遺憾的是，這些人可能要失望了。雖然仍有少數法律從業人士或許可以繼續賺進大把鈔票，但許多法律事務所的黃金時代已經結束。錢少事多的挑戰必然會拉低獲利。

上述的收入規模當然會讓媒體與大眾把律師當作「肥貓」。但事實上，全球絕大多數律師的進帳都沒有那麼可觀。在大多數的地區，有三至四成的法律事務所屬於個人執業，而大約七成五的事務所是四人及四人以下的規模。這些律師的收益相對低很多，大概與資深的公職人員差不多，連私人銀行業者都不如。

替代性的計費方式

讓我們重新回到令人困擾的計費問題，據說近來許多法律事務所爲了滿足客戶降低費用的要求，提出不是以時間爲單位的計費標準。以固定費用或設定費用上限（雙方同意一個較高的金額限制）的提案，如雨後春筍般竄升。還有一些事務所進一步提出如「以價値計費」這種奇特的方式，這是指依照事務所承辦業務的價値來索費，而不是以投入人力的時間來計價，當然計算方式各有不同，由此衍生出另一種索費標準，是以節省下來的時間與成本來計價。

這些計費方式的提案通常都是由任職於企業或組織內部的律師所推動，他們在成本壓力下，正式要求法律事務所就所提供的服務，提出「新的」或「創新的」收費標準。這些計費相關要求往往也成爲選擇法律「顧問群」（panel）的流程之一。基本上，顧問群就是企業或組織較滿意的幾家事務所，有一定的選擇流程，必須透過內容複雜的文件、需求建議書（RFPs）或招標邀請書（ITTs）等程序進行。企業律師與外部法律顧問一起工作的情況愈來愈普遍，而由具有降低外部支援成本經驗的專業採購管理人員取代內部律師的例子也愈來愈多。

這些顧問群以及採購管理人員各有優缺點可以談，但現在我們的重點在於這個競爭激烈的招標過程，似乎並沒有爲客戶省下想要省的錢。替代性的計費方式無法爲客戶省下相當的成本，至少有兩個原因。首先，大多數的替代性計費方案仍出於按時計費的思考邏輯；以採取固定費用的方式爲例，許多法律事務所還是以傳統計時的標準計算出報價總額，因此固定費用通常只代表以稍微不同的方式呈現的按時計費。更重要的是，第二點，鮮少有法律事務所在提出替代性的計費方式時，心中會想著少賺一點錢。因而如果事務所並未提出要改變工作方式（幾乎沒有人會這麼做），那麼替代性的計費方式常常就只是過於昂貴的原始收費方式的重新包裝。根據我所聽到的反應以及私下的實地調查顯示，競爭激烈的招標過程以及因應招標而提出的替代性計費方式，平均爲客戶減少了約百分之十的法律服務費用。然而，不論是大型機構或小型公司，面對法律相關預算必須砍半這個殘酷的事實，法律服務的不同定價方式無法有效滿足節省成本的需求。我相信法律事務所現在必須把重心從不同的定價策略轉移到不同的工作方式。

兩個致勝的策略

我認爲法律界只有兩個可行的策略能夠克服當前錢少事多的挑戰。我稱之爲「效率策略」與「合作策略」。簡單的說，效率策略代表我們必須想辦法刪減法律服務的成本；合作策略則建議客戶應該共同分攤某些型態的法律服務費用。在未來幾年，效率策略可能廣受支持，但長遠來看，合作策略將成爲主導之勢。

許多法律事務所的領導人一聽到我談效率策略，就忙不迭地點頭同意法律服務的費用確實需要降低。接下來他們可能會討論該怎麼砍自家的經常性支出，而結果通常都是刪減科技、行銷以及人力資源這些後勤部門的費用。若要精實組織，這些手段或許相當適用，不過我所提及的效率策略並不是要刪減這些費用。我要強調的是，律師業務本身已經變得太過昂貴。大多數的客戶都告訴我，他們並不在意付高額的錢給經驗豐富的律師，但舉個例子來說，他們著實反對，也愈來愈反感，要支付並不算低的費用給相對而言較資淺的律師，只爲了律師們心知肚明是例行性以及重複性的工作。這才是問題的癥結所在。

在我所拜訪或提供建議的每一家法律企業裡，我都發現年輕律師負擔了沉重的行政或程序工作。這些工作需要的其實是流程處理而非專業判斷，是程序的確認而非策略或創意的提供。譬如檢閱訴訟文件、實質審查作業、擬定基本合約，以及初步的法律研究。這些部分都是改變的大好機會，找出哪些工作可以例行化，以更有效率的方式處理，不論是請資格門檻較低而成本也相對較低的人員處理，或是透過電腦解決都可以。這種做法自然會帶我們走上法律業務「大眾化」之路（參見第三章），我稱之爲「拆解」法律工作，以及法律工作的「多源處理」（參見第四章）。這並不是異想天開的理論概念，而是大多數我見過的企業律師及法律事務所領導者的當務之急。

至於合作策略則是更具革命性的做法，許多律師第一次聽到這個概念時會覺得難以置信。這個構想同樣是爲了解決錢少事多的挑戰，客戶可以合作分攤某些類型的法律服務的成本。這個策略可以與效率策略同時執行，也可以取代效率策略。合作策略最富成效的例子，是我向許多大銀行提過的一個想法。它適用於銀行業的法規遵循業務；大銀行每年都要花上數十億英鎊在這項法律服務。這些金融機構當中不乏營業足跡橫跨一百多個國家者，每一個國家都有不同的立法規定，業者不僅要符合相關規範，還要定期送交表格和文件給管理單位。隨時跟上法規變動的腳步、教育成千上萬的員工、瞭解各地管理機構與主管單位的做法與偏好、引進標準流程協助各種文件的準備與呈送——這些都是法規專業人員的工作。

我的主張很簡單：銀行可以共同處理他們都需要遵守的法規工作，共同分攤成本。當然，如果特定的法規業務涉及敏感、機密或競爭性，這種做法並不適合。不過許多法規相關的工作其實都屬於行政性質，與競爭無關，而這些在銀行業間重複性極高的工作，不但數量龐大，費用也是高得沒必要。因此我建議銀行應該共同設立一個諸如合作服務中心的單位，以成本大幅降低的方式處理至少部分的法規相關業務。如此一來，那些爲個別銀行提供法規遵循建議和提交文件的法律事務所，他們這種我稱爲「法規程序外包」的工作，前景將會變得黯淡，因爲他們再也無法只是在客戶間從事回收再利用的任務。取而代之的是，客戶將會與少數幾家法律事務所合作。我預期會有一兩家事務所因爲直接參與支援這些合作銀行的法規業務，坐享利潤的大豐收。

客戶之間也可以在系統發展上進行合作。安理國際法律事務所（Allen & Overy）所發展出來的線上法律風險管理工具「法規查詢系統」（Rulefinder）可以作爲個案研究。這個線上法律服務系統提供國際股權揭露（international shareholding disclosure）的相關法規與實務案例參考。國際股權揭露的相關法令複雜且變更率極高，對所有重要金融機構都會產生影響。史無前例的，六家一線銀行與安理國際法律事務所合作，共同分攤這個系統的製作成本。

合作策略不僅適用於大型金融機構。以英國爲例，一些地方政府機構的法務部門在過去幾年多次召開會議，以類似的方式分攤一般性法律業務的成本。這個原理同樣可以擴大到小型企業以及個人——新型態的法律業務無疑將與日俱增，服務的對象是各種不同的適法團體，而不再是一對一的服務個人或單一企業。

我第一次提出合作策略的概念，是在二〇〇八年的《律師末路？》一書中，當時這樣的主張遭到企業內部律師與主流大型法律事務所的質疑。近來我出訪美國、加拿大、德國、荷蘭等地，聽聞法律顧問充滿熱忱提到這種可能性，以及嘗試運用社會網路系統。合作的行動正穩定地往前邁進。

第三章

法律大眾化

如果我們能夠找到更新的、價格更低的、更方便的、
更無障礙的方式提供法律服務，
那麼我們就應該改變自己的工作方式，
採用這些新技術。

前一章所介紹的效率策略與合作策略，以及一般認知的不同工作方式，其核心重點在於一個看似罪惡卻攸關存亡的現象——大眾化（commoditization）。大眾化這個用詞在法界已經遭到濫用，雪上加霜的是眾人對它的探討往往缺乏正確的理解。許多律師談到大眾化這三個字時，經常帶著冷漠又輕蔑的態度，他們會以充滿遺憾的語調說，法律業務的大眾化代表他們再也無法從這些工作中獲利。這股大眾化的推力來自於過去得靠律師辦理的事情，現在可以被流程化且快速地處理好，不太需要律師的協助了。然而站在客戶的立場，這種改變是件好事，因爲需要的費用相對較低。

錯誤的二分法

大眾化的法律業務（廣義來說）通常是相對於我稱之爲「客製化」（bespoke）的法律服務。我使用客製化的法律服務這個說法已經多年了，但我發現對英國以外的讀者還是需要做些解釋。請各位想想服裝的概念。客製化的服裝就是爲顧客量身剪裁，先測量，然後依照測量出來的資料精確製作，完全符合客人的身形。它是親手製作的，剪裁式樣完全屬於單一的顧客。同理，我相信許多律師都把法律服務視爲高度客製化的工作。每一位客戶的問題都是獨一無二的，都需要律師親自處理，每個解決之道都是對應於個別的問題。多數法學院學生就是這麼思考法律問題的解決方式。對他們而言，似乎所有來到他們眼前的問題，都具備了能夠得到最高法院關注的獨特性。文學作品和電影裡的法律工作也讓人有這種印象，只見那些律師爲了找出冒著硝煙的槍而不放過任何蛛絲馬跡。

我認爲把法律工作的本質視爲客製化的服務是沒有幫助的，通常只是過於浪漫的想像。我同意某些法律議題的確需要敏銳的法律思考，以及量身打造的解決方案。然而，我也相信，需要客製化處理的法律業務絕對比許多律師讓他們客戶以爲的要少很多。甚至，我認爲把客製化的服務方式應用在所有的法律業務上，無疑是在大量生產的年代仍繼續採用家庭工業的模式，更何況我們現在已經能夠以大量生產和大量客製化的技術，提供低成本卻更加完善的服務。

有個混淆思考之處，就是大家把法律工作過度簡化爲只有客製化與（意義模糊的）大眾化兩類。這種二分法讓很多律師堅信，若要避免沒有利潤的大眾化服務，就必須專注於客製化的努力。他們以爲只有這兩種選擇。

法律服務的演進

客製化與大眾化的二分法是一種錯誤的分類，事實上法律服務不斷在演進。這場演進有四個階段，我稱之爲客製化、標準化（standardized）、系統化（systematized）以及外部化（externalized）。（如圖 3-1。在初版中爲五個階段，這個修正是爲了反映法律科技的發展，也更能夠解釋大眾化的概念。）

實務上，大多數優秀的執業律師其實並未承接太多需要客製化的業務。我必須強調，麻煩的問題確實會出現，而且毫無疑問地需要客製化的

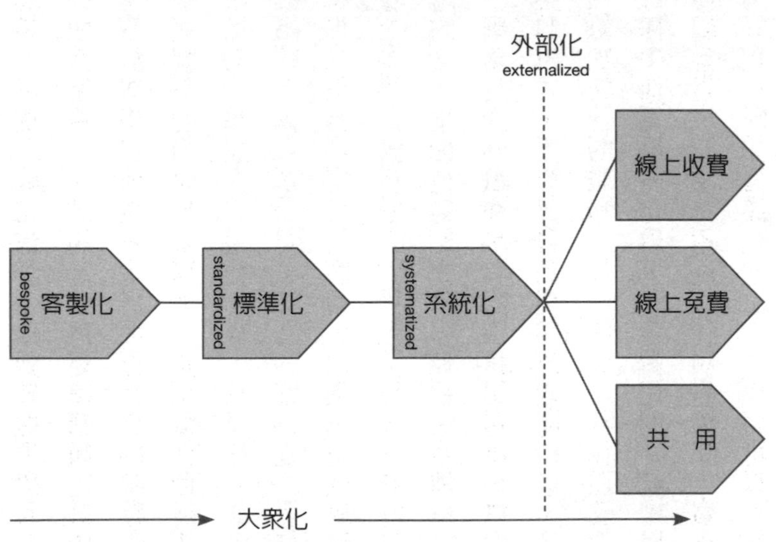

圖3-1　法律服務的演進

處理，只不過更常碰到的情況，是律師被要求處理的是他們過去曾經處理過且同質性非常高的業務。實際上，客戶選擇某位律師或決定聘用某家法律事務所，其中一個原因正是因爲他們相信這位律師或這家法律事務所具有承辦類似業務的經驗。倘若法律事務所的每一個案子都必須從零開始，客戶大概會嚇死，特別是他們得按時計費。因此，客戶期待的其實是某種程度的標準化。

以聘僱合約爲例。若採用客製化的工作方式，那麼每一份合約都得從一張白紙開始。然而，除非此次的聘僱安排有特殊條件，否則一般客戶會以兩種方式表現出對標準化的期待。第一種方式是客戶會想要得到某種制式的處理流程，又或許是一張檢核表，或一本程序手冊。第二種方式是客戶期待他的律師可以利用某種標準範本或前例，作爲擬訂合約的基準。大多數有信譽的法律事務所都採用這兩種標準在處理業務，不論程序還是實質內容。客戶可完全不想付錢給律師重頭開始。

然而，標準化並非法律服務的演進終點。隨著資訊科技的降臨，法律服務會走向系統化。這個階段包括將檢核表或程序手冊電腦化，融入工作流程的系統中。這種做法在保險業相當普遍，他們會將高量低價的業務與工作加以自動化。當工作量、業務及牽涉的人數極多，但流程可以統一時，自動化的工作流程將可以大幅提高法律工作的效率。不僅如此，系統化還可以拓展到實際的文件草擬。再以聘僱合約爲例，自動化文件組合這樣的系統，只要使用者在電腦螢幕上回答一系列問題（如聘僱者姓名、聘僱起始日、薪資等等），一旦線上表格填寫完畢，系統就會產出一份相當完善的合約初稿。這類系統的技術早在一九八〇年代初期就已經出現了——這是一種決策樹法則（rule-based decision tree）的概念，每一個特定問題的答案都會讓某個字、某個句子或某段文字適情況增刪。自動化文件組合或自動化文件製作的優點，在於回答問題者不必是法律專家或律師。

我知道一家將內部文件擬定業務加以系統化的法律事務所，他們表示這種新的效率方式是他們與市場上其他競爭者最大的不同點。然而，聰明的客戶不禁要問：如果草擬聘僱合約，至少是大部分員工的聘僱合約，只需要完成一份線上問卷，那爲什麼不能由公司內部的人資部門直接作業？這樣的思考自然會導向法律服務的外部化。外部化法律服務指的是律師將自己的經驗加以包裝組合，透過網路提供給客戶。這提供了取得律師專業意見的全新方式。當外部化時，可以採用不同收費模式和合作方式。這種服務可以用於可收費的服務項目（商業法律事務所的最愛），有時候也可以沒有收費（政府單位和慈善組織偏好的選擇），以及愈來愈常見的公共資料庫（維基百科和開放原始碼運動的精神）。

我認爲這整個從客製化到外部化的過程，可以被稱爲法律服務的「大眾化」。有些律師會將這裡的「標準化」稱爲「大眾化」，其他人則將大眾化等同免費的外部化。然而，即便法律事務所或其他服務提供者對他們的線上服務收費，對客戶來說，這種做法還是大幅降低了法律服務的成本；對法律事務所而言，則代表他們就算睡覺時也能賺錢，因爲這種線上交易和按時計價大大不同，客戶可以利用律師的專業卻不會直接占用他們的時間。

勤業眾信會計師事務所的稅務部門是我長期服務的對象。從大約二〇〇〇年以來，他們依著類似的演化路徑發展他們的稅務工作，協助客戶準備以及提交企業報稅資料。早先這類的業務全靠人工作業，但勤業眾信穩健地沿著演化光譜前進。在英國，他們將自家大約兩百五十位稅務專家的集體專業去蕪存菁，轉化成一套客戶可以直接使用的系統。他們以這種方式包裝專業的稅務知識，從而根本地改變了他們的企業模式。他們打造了一套初衷爲降低客戶成本的系統，結果卻因爲這套系統的使用者太多，以致他們稅務部門現在的獲利遠比過去的人工作業高上許多。有趣的是，勤業眾信在二〇〇九年把這項服務賣給湯森路透（Thomson Reuters）集團。

站在客戶的立場，大多贊成法律服務這樣的演進，因爲從客製化往大眾化的移動過程中，法律服務的成本下降、法律收費變得更明確、工作時間減少，令有些人意外的是，連服務的品質都提升了（眾多專業人員的集體知識無疑比最佳的客製化成果更上一層）。

許多律師對外部化的法律服務這種構想嗤之以鼻。他們說念法學院可不是爲了把自己的知識變成包套或外部的服務，他們既不是出版商，更不是軟體工程師。但我的角度跟他們很不一樣。我認爲如果我們能夠找到更新的、價格更低的、更方便的、更無障礙的方式提供法律服務，那麼我們就應該改變自己的工作方式，採用這些新技術。我們的重點應該是協助客戶面對成本的問題，而不是固執地緊抓住毫無效率的執業方式。

無可否認，根據我所主張的模式（對律師來說沒那麼有利），某些法律資源將可以在網路上免費取得，甚或是每個人都可以上傳與下載分享的資源。我所謂的大眾化指的是透過網路，以免費或低廉的價格取得法律服務的方式。我明白在這種情況下，大眾化的法律服務無法爲律師帶來實際利益，但考量到目前無法負擔得起法律服務費用的人，若要增加他們接近司法的機會，則這些形式的外部化是基本要件。

第四章

不一樣的做法

任何法律服務案件，
將來都必須先把問題拆解成可以處理的工作，
再確認每一項工作最有效的處理模式，
然後混合採用多種法律服務的來源。

對於前一章討論的法律服務的演進過程，我要趕緊說明一點。不論任何法律業務，譬如一筆交易或一起糾紛，我要說的並不是哪些法律服務會落在哪個階段。我要闡述的問題更微妙一點，也就是說，任何一件交易或糾紛案，不論大小，都可以「拆解」成一連串不同的工作內容。然後，面對這一項項被拆解開來的工作（而非整個案子），我們要問：進行這項工作最有效的方法爲何？以及它會落在六個演進階段中的哪個部分？

如果本書的首要重點是法律市場面臨錢少事多的挑戰，那麼第二個關鍵就是法律工作可以被拆解，以不一樣的新方法尋求支援。

拆解法律工作

我指的是，諸如交易與糾紛這類法律關係，並非單一、不可分割的專業問題，必須全部以一種方式處理。相反的，我們可以把工作拆解（經濟學家會說「拆分」）成多個不同的部分，然後盡可能以最有效的方法處理。當然，任何做法都不能有害品質。更確切地說，我認爲有許多處理個別法律工作的不同方式，而這些方式產出的服務品質跟傳統的法律服務一樣高（有時甚至高於傳統方式），但費用絕對低得多。

每次我在會議中提到拆解法律工作的主張時，散會後總是有律師朋友會上前來，非常友善地表示我的演講如何讓他獲益、他同意法界的確需要一次重大的改革等等，而最後結論都是說，大眾化的法律服務與法律工作的拆解適用所有的法律業務……除了他自己承辦的項目。然後，這位律師會繼續說明為什麼不一樣的做法不適用於他的執業範疇。辯護律師特別固執，他們表示每一樁糾紛都是獨一無二，無法加以分割。這種態度與我在一九九〇年代經歷過的市場概況一樣，當時我在一家一流的訴訟事務所（梅森法律事務所〔Masons〕，現已更名為品誠梅森法律事務所〔Pinsent Masons〕）工作多年。沒錯，在那個年代，一般都不會將法律案件加以拆解。拿梅森所擅長的大型建築及科技糾紛案件來說，不論是哪一方面的業務，客戶幾乎都是把整個案子交給事務所處理。然而，那時候我就已經瞭解到，不論是我們或其他同業所承接的工作，交由法律事務所處理並非都是最佳之道。對於懷疑論者，為了證明我所言，我建議訴訟案件的進行可以拆解成九個工作項目（如圖4-1）。這並非拆解訴訟案件的唯一方式，但我希望藉此讓大眾瞭解我的主張。

文件檢閱
法律研究
專案管理
訴訟支援
（電子）資訊揭露
策略
戰術
交涉
法庭辯護

圖4-1　拆解訴訟案件

過去十年，我常問世界頂尖法律事務所裡的律師一個問題：在這九大類工作中，哪一項只有你夠資格去承接？在英國，答案經常只有「兩項」（策略與戰術）；而在美國，答案經常是「三項」（策略、戰術與法庭辯護）。對於這兩三項工作，客戶當然希望由能力好、經驗足的律師提供建議與指導。然而，我愈來愈常聽到組織或企業的法務長提到，非傳統的法律服務提供者可以用較低的費用承接其他項目的工作，而且提供的品質要比傳統的法律事務所更好。

以文件檢閱爲例。過去法律事務所都會分派資歷較淺的律師檢閱龐雜的文件（有時甚至高達好幾百萬頁），然後以每小時昂貴的價格向客戶索費，但這項工作的目的通常只是簡單地將文件理出目錄或做基本的法律分類。而現在文件檢閱這項工作可以交由諸如印度這些人力成本較低國家的第三方專業服務提供者協助，同樣具有高品質的處理水準，而價格只有原來的七分之一。

再想想專案管理的例子。許多律師私下向我坦承，他們現在全變成專案管理人了。有時候我會問他們是否受過專案管理的訓練，得到的通常是一派嚴肅地回答說，他們三年前上過兩天的訓練課程。我很想挖苦他們：如果一位專案經理對一位律師說自己上過三天的法律課程，所以已經具備律師技能，我想他一定會被轟出辦公室。專案管理是一門重要的學問，有獨立的技術、方法、系統與學位課程。看看那些頂尖的會計師事務所、諮詢顧問機構以及建設公司，他們處理著非常複雜的專案管理。反觀法律事務所，專案管理似乎只比買幾個新的檔案夾或打開一包便利貼這種工作繁重一些。這就是我們律師的集體自大，自以爲可以在一個禮拜內接手隔行的專業。事實是，我們做不到。現在客戶也認知到他們無法在法律事務所內找到最佳的專業管理者，而要借助於其他的服務提供機構。

我深信未來要成功處理大規模的交易或糾紛案件，專案管理將扮演至關重要的

實質審查
法律研究
交易管理
範本選擇
談判交涉
客製化文件草擬
文件管理
法律建議
風險評估

圖 4-2　拆解交易案件

角色。但若是律師沒有這個領域的足夠訓練，那麼其他職場或產業的競爭者將取而代之。

我還可以用類似的方法分析其他的訴訟工作，證明法律事務所不再是唯一符合資格的承辦者。許多這些工作都是重複性高的例行性業務，以及沉重的行政作業，而現在它們都可以用不同的方式發包出去。

同樣的，我也可以將交易案拆解成類似的幾大項工作（如圖 4-2）。老話一句，這個分類絕非最完整、最正確的方式，只是要讓大家概略瞭解我的想法。

法律服務的替代性來源

不同的計費方式已不足以應付當前的市場改變，律師必須向前邁進，以不同的做法迎接挑戰。關於這一點，我想到的是採用一種或多種替代性的處理方式。面對法律問題時，過去客戶只有一個簡單的選項：內部自行處理或委託外部的法律事務所協助（或者兩者兼有）。然而，法律市場已經改變，新的委任方式也出現了。我至少看到了十六種法律業務承包的方式（如圖4-3）。

在此我把這十六種方式向各位做個粗略的介紹。

「內部處理」（in-sourcing）是指律師自行承接法律業務，利用自己的內部資源。舉例來說，企業或組織的法務部門決定親自進行交涉、草擬所有文件，沒有尋求任何外部的建議或協助。

「去律師化」（de-lawyering）是我自己發明的庸俗詞彙，指的是將一件法律工作交給非律師人士處理，譬如法律助理或法律行政人員。許多工作其實並不需要律師專業，也不必支付律師級的費用，只要具備法律相關的經驗與知識者都可以承接。

内部處理 in-sourcing
去律師化 de-lawyering
重新配置 relocating
境外承包 off-shoring
外包 outsourcing
分包 subcontracting
合作型外包 co-sourcing
近岸承包 near-shoring
人力派遣 leasing
在家承包 home-sourcing
開放型資源庫 open-sourcing
群包 crowd-sourcing
電腦化 computerizing
個人外包 solo-sourcing
知識管理外包 KM-sourcing
不處理 no-sourcing

圖 4-3　法律服務的替代性來源

「重新配置」（relocating）是指將部分法律業務轉至成本較低的地區，但這個低成本地區仍與主要業務處理地同在一個國家。有個例子是總部設在美國的國際奧睿法律事務所（Orrick），他們在西維琴尼亞州的惠林市（Wheeling）設立了一個全球營運中心。

「境外承包」（off-shoring）是將法律工作移至人力成本與置產成本較低的國家。許多大型銀行都將部分法律業務轉移至已經承接了他們其他業務的國家，例如印度及馬來西亞。在這樣的模式下，海外法律支援仍隸屬銀行本身。

「外包」（outsourcing）是指由第三方的服務提供者執行法律相關工作。這種做法通常被稱爲「法律流程委外」（legal process outsourcing，簡稱 LPO）。諸如文件檢閱這種例行性的法律工作，就會交給有專業人員支援的公司處理，而這些公司通常也是位於成本較低的地區。

「分包」（subcontracting）是法律事務所的選項。在這個模式裡，法律工作會轉給其他經常性費用較低（通常規模也較小）的法律事務所。依此原則，總部設在倫敦的好幾家大型法律事務所，一方面把部分工作分派給擁有英國律師資格的南非與紐西蘭律師，一方面又可以請英國境內費用較低的地區的法律事務所支援。透過分包作業，有些法律工作的成本可以減半。

「合作型外包」（co-sourcing）指的是不同的公司在處理某些法律業務時進行合作，採取的方式通常是透過共用服務設備。最引人注目的例子，就是第二章提到的英國各地政府機構的法務部門合作案，以及多家銀行共同創立一個公共平台，處理他們的法規遵循業務。

「近岸承包」（near-shoring）與「境外承包」相似，只不過業務承接者所在地位於鄰近的低成本國家或地區，彼此的時區接近。安理國際與史密夫（Herbert Smith）這兩家總部設在倫敦的國際性法律事務所，都在北愛爾蘭的貝爾法斯特（Belfast）設立分支機構，處理例行性的法律工作。

「人力派遣」（leasing）是指在某一段有限的期間內，依專案需要聘僱律師協助。這類律師不屬於傳統的法律事務所，而是透過人力公司的管理配置。Axiom（全名 Axiom Global Inc.）是法律外派人力公司的翹楚；成立於西元兩千年的這家企業不斷快速成長，主要工作是外派律師給企業客戶，協助這些企業度過需求的高峰期。這種外派律師對於正在精簡人力的企業或正在刪減預算的法務部門特別有用，因爲這些部門定期需要擴增人力，而 Axiom 的律師價格只有傳統事務所律師的一半。值得一提的是，英國有另外兩家法律事務所也設立了類似的人力派遣功能——博問法律事務所（Berwin Leighton Paisner）在二〇〇八年設立了自己的「律師隨選服務」（Lawyers on Demand service）；品誠梅森法律事務所（Pinsent Masons）在二〇一一年成立 Vario 平台，安理國際律師事務所在二〇一三年成立了 Peerpoint 平台。

「在家承包」（home-sourcing）所針對的對象是目前並不在主流法律市場上的法律人才，這些律師通常可以透過兼職的方式在家裡承接業務。拜日新月異的資訊科技所賜，在家工作的律師（不論是以事務所員工的身分或獨立承接業務的方式）可以加入並使用法律事務所及企業法務部門的資料庫。對那些希望能兼顧工作以及陪伴家中幼兒的律師爸媽來說，在家承包的模式經證明是行得通的。

「開放型資源庫」（open-sourcing）是各種法律資料（標準文件、指導方針、程序、意見書、個案研究、實務經驗等等）的免費供應站，架設在公共的網路上。若能組織成像維基百科（一種任何使用者都可以編輯與增加內容的網路資源）那樣的形式，效果應該會更佳。

「群包」（crowd-sourcing）牽涉到運用團體的集體智慧來承接法律工作。這些團體是由願意撥出部分時間投入的個人所組成。舉例來說，有一種群包的做法是把某個法律問題傳送給一個規模龐大但不知名的志工團體。這些義工，也就是這個團體，再提出他們建議的法律解決方案。在法律事務所裡，律師常常會探頭進同僚的辦公室，詢問他們對自己手上案件的看法：「有沒有人碰過這樣的案子？」未來律師與客戶也可以向廣大的網路使用者詢問類似的問題。人們在網路上提出問題，由律師提供線上解答，或者由接受過建議的人分享過去的意見給其他使用者，已經成為常態。

「電腦化」（computerizing）是一種大範圍的支援系統，包括我在第三章介紹過的系統化、套裝化以及大眾化。以一般的說法來解釋，電腦化指的就是應用資訊科技，支援或取代一些法律業務、程序、活動或服務。

「個人外包」（solo-sourcing）是聘請諸如法學教授或（在英國非常普遍的）辯護律師等專業人士，承接拆解之後的特定法律工作。由學術界進行的研究以及御用大律師（Queen's Counsel）撰寫的意見書即為此類範例。

「知識管理外包」（KM-sourcing）是以知識管理領域的各種技巧，再利用內容、知識、觀念，以及更多其他從日常實務得來的技能，並且精準保存以供日後再使用。客戶往往期待也總是希望律師可以運用過去在類似情況下成功過的資源。

「不處理」（no-sourcing）是最後一個分類選項，意思是根據收集到的資料，判斷案件的風險程度不足以採用任何形式的法律支援，因而決定不尋求任何法律協助。舉例來說，企業內部的律師常會檢視某個法律工作，考量處理它所需要的時間與經費，判斷就商業利益而言是否划算。一項法律任務若能經過拆解程序，通常企業律師就會比較容易做出是否需要處理的決定。

儘管上述的十六種處理方式都可以提供有效的法律服務，但若把這些做法視爲唯一的選擇，就太短視了。我的想法是，任何一個法律服務案件，將來都必須先把問題拆解成可以處理的工作，再確認每一項工作最有效的處理模式，然後混合採用多種法律服務的來源。這就是「多源的法律服務」。如此一來，一件特定的交易或糾紛案，就會有數種不同的服務來源共同效力。要達到這樣的效果，我們不妨想想生產線或大量製造的模式，譬如即時物流系統（Just-in-time logistics）及全球供應鏈的手法，加上以資訊科技作爲支撐。以此來想像法律服務的提供，應該會大有幫助。而在多源服務的模式裡，某一家公司，或許是法律事務所，也或許是新型態的法律企業，很可能要負責提供完整的多源服務（一如建案裡的主要承包商）。

我並非強調以某種大量生產的模式取代法律服務。我接受客戶狀況各異的說法。但是我不認爲一個法律專案的整個過程都必須有律師參與，即使它的最終結果是客製化的。正確來說，我認爲多源服務以及資訊科技的利用都是朝著大量生產的方向邁進——所謂的大量生產，是指利用標準化流程與系統，滿足客戶的特定需求，但效率足可媲美量產的程度。第三章提到的自動化文件組合技術就是一個很好的例子。那種自動草擬文件的系統並非簡單地印出單一標準的文件，而是根據使用者對個別問題的回答，產出無數（通常上百萬）種不同排列組合的文件。最後的結果仍是一種客製化的解決方式，只不過提供者是先進的系統，而非技藝精巧的人類。這才是法律服務的未來。

第五章

突破性的法律科技

這些科技已然存在，
甚且愈來愈重要，
每一項都將挑戰並改變某些法律服務的提供方式。
而這些科技集合起來，
將會讓整個法律市場改頭換面。

根據克雷頓・克里斯汀生（Clayton M. Christensen）[7]在《創新的兩難》（*The Innovator's Dilemma*）一書所提及的管理理論，延續性技術與突破性（或破壞性）技術之間存在顯著的差異。廣義來說，延續性技術可以支援並強化某家企業或某個市場目前的運作方式。相反的，突破性技術則是從根本挑戰並改變一家公司或一個產業的運作。支援並強化過去揮汗整理紙本帳目的電腦化會計系統，就是延續性技術的實例。數位相機則屬突破性技術，其導致奠基於化學沖印這類上一代技術的柯達公司最終走上衰敗。

突破性技術理論有兩個層面最廣爲人知。第一，如同柯達這個例子所展現的，突破性技術可能是毀滅的助力，即使市場龍頭也不見得避得了；第二，在突破性技術嶄露頭角之初，市場主導者以及他們的顧客常常認爲這些新系統膚淺、沒有發展，因此根本不放在眼裡。然而，這些新科技一旦被市場接受，顧客就會快速採用以新科技爲基礎的服務，而服務提供者除非很早就採用新系統，否則等到認知到這些新科技的威脅時，通常都已經太晚了。

如同《法律的未來》一書中提到，對於專業工作者來說，「突破性」必須謹慎以待。可以理解的是，在此提到的種種改變打亂了法律專業人士的步調，但我們要心懷客戶，也就是接受法律服務的人。可想而知許多改變會爲客戶帶來成本降低以及服務更便捷的結果。這些受益者不會覺得這樣不好。相反的，他們會覺得更能作主或更自在。對於購買法律服務的人來說，這樣的突破性進展是好消息。一個人的毀滅可能是另一個人的救贖。

對律師來說，有個教訓比突破性技術更深遠：要永遠想到接受你服務的人。論及一些創新時，請站在你服務對象的角度思考。這樣的創新對他們有什麼意義呢？雖然本書主要針對法律服務的提供者，但探討突破性的服務是必須的。我的目標之一是挑戰法律市場的供應方，思考科技對法律事務所或其他法律服務的提供者可能帶來的大震盪。

我要提出法律市場裡的十三個具體的突破性技術（如圖 5-1）。這些技術已然存在，甚且愈來愈重要，每一項都將挑戰並改變某些法律服務的提供方式。而這些技術集合起來，將會讓整個法律市場改頭換面。接下來，我將針對上述的各種突破性技術做個簡短的介紹（請記得有些類別會有所重疊）。

7 譯按：哈佛商學院名師，最著名的是他對於企業家創新方法的研究，主要研究範疇包括技術創新、策略布局等。

自動化文件組合
持續的連結
電子化的法律市場
電子化的學習
線上法律指導
開放型法律資料庫
封閉型法律社群
工作流程以及專案管理
嵌入式法律知識
線上爭端解決機制
資料分析
機器預測系統
法律問題解答

圖5-1　突破性的法律科技

自動化文件組合

如第三章所述，這類型的系統會根據使用者對問題的回答，產出相對來說比較精簡但又客製化的文件初稿。一九八〇年代，這項科技的早期系統是應用在製作遺囑上。之後，同樣的科技被應用在大規模銀行交易的貸款文件。這類可以應用在法律業務或透過網路使用的系統，破壞了以時計費的律師市場，因爲它可以在幾分鐘之內就製作出過去必須花上好幾個小時才出得來的文件。

還有一種複雜度沒有自動化文件組合系統來得高，卻可以提供使用者基本文件範本的線上服務。我們可以看看法律焦距（LegalZoom）這家總部設在美國的企業，他們專爲付不起律師費或希望能減少費用的一般民眾與企業製做法律文件（這正是突破性所在）。截至目前爲止，法律焦距服務過的顧客已超過兩百萬人次，而且據稱，這家企業在美國的品牌知名度比任何法律事務所都要高。英國有家名爲艾波克（Epoq）的公司，也以類似的破壞與創新方式提供系統與範本，讓銀行與保險公司可以爲自己的客戶推出線上服務（包括文件製作）。

持續的連結

這是指各種系統串連的結果，讓律師們無法擺脫客戶或工作場所的牽制。這些科技包括了手機、平板電腦、無限寬頻上網、高解析度的視訊會議、即時通訊、社群網站，以及電子郵件等等。拜愈來愈強大的電腦處理與儲存能力所賜，這些科技與系統更形普遍。當這些科技連成一氣，而機器（不論哪一種）似乎又時時刻刻處於開機狀態，於是乎律師的身影愈來愈常見於聯絡系統中。結果是，客戶與同僚們有了與律師立即且直接的溝通管道，也期待律師可以立即且直接的回應。這種現象對律師的工作以及社交生活都會帶來破壞性。我們注定愈來愈逃脫不開身不由己的聯絡，這件事其實是個很嚴肅的議題，但持續的連結只會加劇，不會放鬆。

電子化的法律市場

在我的定義裡，法律市場的電子化包括了線上商譽系統（online reputation system），可以讓客戶針對提供服務的律師以及他們的服務表現，在線上分享自己的看法，一如飯店與餐廳顧客現在做的一樣；也包含比價系統（price comparison systems），把不同的法律顧問與法律事務所的收費標準放在網路上；以及線上法律案件競標系統（online legal auctions），這種競標方式在運作概念上與 eBay 差不多，但更適合例行性以及重複性高的法律業務。如果律師的客源主要是那些不知道還有其他選項的人，這些技術，不論單一或整體，對他們的破壞性都極高。今日這些系統都還在成長初期，社交網路是其一；過不了幾年，這些系統勢必將與過去二十多年來深具影響力的律師評鑑一樣普遍。

電子化的學習

支援法律學習與法律訓練的線上系統，成長的速度令人稱奇。我們會在第十四章討論到這些學習方式將如何挑戰與取代大部分的傳統法律授課，以及如何更廣泛地加速一般法學院對於傳統運作模式的檢驗。其中牽扯到的科技遠遠超過線上授課、網路研討會、模擬法律實務與虛擬法律學習環境。在正式教育體制觸及不到的領域，電子化學習還將改變法律事務所提供以及整合教育訓練與專門知識的方式。我們會看到教育訓練從「萬一碰到……」的教室訓練（設定課程主題，以備萬一受訓者將來需要對這種案例有深刻的瞭解），轉變到「即時」學習（多媒體的互動工具，可以提供焦點式與切身需要的即時訓練）。

線上法律指導

這類系統可以透過網路提供法律資訊、法律指導，甚至法律建議。這些資訊不見得是採取訂閱的形式。有些可能是低價值但高聲量的工作，例如有個學生建制的系統，幫助駕駛對停車罰金提出異議（他宣稱有十五萬個成功案例）；有些系統是爲了幫助幾乎無法找到律師的區域居民，例如烏干達的「赤腳律師」（Barefoot Law）；有些是複雜的商業行動，例如安理國際律師事務所的線上法律服務，每年的訂閱收益超過一千兩百萬。

從這裡，我們可以清楚看到傳統律師面臨的威脅與破壞：如果客戶可以透過網路得到法律指導、確保法律文件的正確性與齊備性，那麼採取面對面諮詢的傳統服務，可能就要迎戰低價的競爭。如第三章所提，如果穩固又可靠的法律協助變得大眾化了，使用者又可以無償取得，不難想像，至少在某些狀況下，客戶怎麼會願意支付大筆金錢給傳統的律師。

開放型法律資料庫

隨著資料開放的普遍趨勢，我可以預見法界也會出現持續的線上集體協作（mass collaboration）——這是一種致力於建立大量以社群爲導向的公開性法律資料的運動，法律資料包括標準文件、檢核表、流程圖等等。這不啻是法律服務大眾化（參見第三章）的一種形式，對律師也是一種破壞力，因爲曾經屬於律師收費項目的部分法律服務，再一次的，現在可以免費取得。康乃爾大學法學院的法律資訊中心（Legal Information Institute）就是一個開放型法律資料庫的優秀範例。自一九九二年起，該法律資訊中心就不斷於網路上發表法律相關文件，並且製作可以幫助大眾瞭解法律問題的資料，完全免費，有時候還被視爲公開法律資訊的主要非營利機構。在公衛領域，http://www.patientslikemw.com 網站有超過四十萬的使用者，這是專業服務的使用者如何透過集體協作共享觀點與經驗的最佳證明。以此類比，我們可以期待很快會有 www.legalclientslikeme.com 這樣的網站出現。

封閉型法律社群

這個概念是指擁有相同興趣、志同道合的律師聚在一起或合作的社群網站，屬於私有的網站。其介於社群平台 LinkedIn 與維基百科之間，單純只爲小群組的律師所用，使用者可以建立不同的架構，匯集集體知識與經驗。類似的概念在醫界已經相當成功：Sermo[8] 是一個網路的醫師社群（病人或藥商不能加入），擁有十二萬五千多位使用者。在法律界，這個概念的最佳範例是被形容爲企業律師合作系統的網站法律斜坡（Legal OnRamp），這個網站也邀請事務所律師以及第三方的服務提供者加入，目前已有四十多國的律師加入這個網站，他們不但是線上共同社群的成員，也參與會員自行設立的私有子社群。這個網站不像 Sermo 那樣成功，但近來它被供應商 Elevate 買下。後勢值得關注。

在追求合作策略的過程中，企業律師對這種封閉式的社群表現出高度興趣——他們不但把這樣的系統視爲法律服務比價的平台，也將之視爲一個可以鼓勵並允許法律事務所彼此緊密合作的工具。對於那些強調個別化服務的法律事務所，這個現象絕對是個大威脅。

工作流程以及專案管理

對於數量龐大的重複性法律業務，工作流程系統就像是可以確保一項任務從頭到尾依循標準進行的自動檢核表。至於專案管理系統則適用於複雜度較高、組織性較低，但透過稍具經驗的專家就能夠處理的法律業務，而不需要什麼專門委員會。對於那些以時計價，並且過去一直因爲案件管理效率不佳以及交易管理不當而獲利的法律事務所，工作流程和專案管理系統代表的是全新的效率，最後帶來的則是低價的未來。

嵌入式法律知識

未來幾年，我預測在社交與工作的許多層面上，法律規定都將深植在我們的系統與過程中。試想一部汽車會自動警告駕駛人與乘客，除非啓動並通過內建式呼吸

8　譯按：二〇〇六年由丹尼爾・帕拉斯端特醫師（Dr. Daniel Palestrant）所創立的醫師專屬網站，允許所有在美國擁有執照的醫生上網分享、討論醫學相關議題。

分析測試，否則引擎無法啓動。使用者不需要知道這個系統所依循的法規細節，就可以執行相關規定。禁止酒駕的法條已經被嵌入車子的系統裡。另一個例子則是可以依據健康安全法規所預設的各種參考值，監測溫度以及其他環境狀況的「智慧型」建築。當實際環境指數超過了限定範圍，也許警報會響起，也許在緊急狀況下電腦螢幕甚至會自動關閉。大家可以在不知道法律規定些什麼的狀態下監督法律的執行，是因爲法律的相關規定都已經嵌入建築物裡。這樣一來，根據標準所建造的建築物很清楚自身的安全範圍，自然就會依循當初的設定做出後續的決定。這種情況的破壞性就在於當法規已深植在系統中，客戶就不再需要律師提醒了。

線上爭端解決機制

當實際的爭端解決流程，特別是公式化的解決辦法，已經完全或大部分都透過網路進行時，我們就具備了某種線上爭端解決機制（online dispute resolution，簡稱ODR）的形式。本書第十一章將有更詳盡的說明以及更多的例證。對於那些主要以法庭爲工作領域的傳統辯護律師來說，諸如電子協商（e-negotiation）以及電子仲裁（e-mediation）這類的線上爭端解決機制，絕對是他們業務的重要挑戰。

資料分析

律師花了很多時間爬梳文件資料，至少是爲了準備訴訟。這幾年間，逐漸嶄露頭角的法律搜尋系統，即使尚稱不上全盛，但在檢閱與分類數量龐大的文件時，其精確度及搜尋的功能，絕對優於法律助理與菜鳥律師。

近來在法律領域有項新科技廣被採用，引自機器學習、大數據和分析學這些不同學門。儘管機器學習最具張力的面向在法律實務中尚待發展（像是可以寫程式、發展深度神經網路、強化學習演算的電腦），但毫無疑問這些系統令人眼睛一亮，不論是分析文件組合或歸納，或從合約中摘取重要條款。

這些研究和機器學習的能力就是破壞力，影響所及不僅僅是向來以人力完成滿坑滿谷的（不管是交易案或糾紛相關案件）文件而獲利的法律事務所，也動搖了目前提供類似服務的法律程序外包商。不論人工多麼低廉，這種搜尋系統一旦建立，絕對要比最低廉的工資還要便宜。也難怪新創的法律公司會引領這個領域，就像

Kira與RAVN兩家法律科技公司皆引起法律專業的風潮。

機器預測系統

機器學習這項科技的另一個重要應用，就是做預測。有愈來愈複雜精巧的方式可以偵測巨量資料的模式和相關性。在法律界，丹尼爾・卡茲（Daniel Katz）證明了電腦統計（對於龐大資料的演算）和美國最高法院的關聯性，相較於律師以傳統法律研究做的推理，電腦分析往往更能夠準確預測法官的行為。我們要謹記無與倫比的荷姆斯大法官（Oliver Wendell Holmes）說的話：「法律就是預測法院在實際上將做什麼。」

很多法律工作涉及預測，不論是官司贏的可能、談判和解或者交易成敗。法律企業所擁有的資料，以及公眾可以取得的資料，顯然就是用以預測相關議題的基礎。此外，透過這些資料的匯整，我們很快可以找到特定族群關心的法律議題；分析立法者的決策，我們便可以用全新的方式預測立法結果；收集大量商業合約以及溝通往來的電子郵件，或許還能夠讓我們洞燭先機，先一步看到特定產業所面臨的法律危機。分析預測、連結性，甚至演算，在執行法律業務以及法律風險管理上都帶來突破性，可惜這些能力無法從主流律師的工作中培養出來（除非律師選擇與巨量資料科學家合作）。

法律問題解答

問答是電腦科學的一個分支，用以發展自動回覆系統，解決人類使用者用他們的語言所提出的問題。最佳例子就是ＩＢＭ的華生電腦（一套爲了在美國益智節目《危險境地》中競賽而設計的電腦系統），在二〇一一年擊敗兩位最優秀的人類競爭者。在法界，法律問答將可大大提升一般民眾的法律常識。根據華生電腦的概念，這種系統可以由一套涵蓋多個巨量法律資料庫的線上服務組成，有些資料經過組合，有些則否（也就是原始資料與二手資料），系統能夠瞭解以自然語言提出的法律問題，並針對這些問題的事實進行分析、歸類，再導出結論，進而提供法律建議。系統甚至可以將計算出來的建議以某種電腦模擬聲音表達出來（也許使用者還可以選擇不同的腔調）。這種系統不只會打破執業律師的世界，也將改變我們對法律程序的普遍認知。這種科技的成熟還需要時間，然而它正以指數成長，法律問答系統進入法律實務的那一天，或許會比懷疑論者以爲的還早。

法律的問答系統以及資料分析和機器預測已經成爲法律如何運用人工智慧的例證。我會在第十八章再回到這個主題。

第二部　法律市場的新風貌

第六章

法律事務所的未來

法律產業缺的不是智慧與人才，
而是這些人才在市場上展現工作成效的方式，
不論就方法上與價格上都已經不具競爭優勢。

本書第一部提出了一個核心問題：藉由不一樣的工作方式，律師的執業內容究竟可以有多大的不同，而且是更快、更便宜、更有效率、品質更好？這也是今日的一個關鍵問題。一如第二章所言，多年來律師一直在執行專業程度低的例行性工作，而與工作本身的價值相比，律師費用嚴重超收。在業務應接不暇，市場屬於賣方的時代，成功的法律事務所完全不需要理會以更有效率的新方式提供法律服務的挑戰。然而，現在來自客戶的成本壓力愈來愈大，新的法律服務提供者紛紛出頭，加以新科技受到重視，若還有任何法律事務所迴避以不同的方式工作這個問題，那就太不智了。

儘管如此，我發現大多數的傳統執業律師仍然沒有太大的改變。他們尚未採納不一樣的工作方式。這種狀況有部分是屬於管理體制的問題。法律事務所常常忙著服務客戶以及設法達成財務目標，以至於沒有時間進行內部改造——就像要幫正在跑的車子換輪胎，一點都不簡單。另外還有部分是屬於結構性的問題。大部分的法律事務所仍信奉舊式教科書的理論，追求第二章所提到的寬底金字塔結構，而替代性的法律服務來源就算不是全然否定金字塔型的經營架構，也大聲疾呼著改變。老實說，許多法律事務所並不願意相信眞的需要改變。換言之，他們傾向維持舊式的工作型態，盼望著經濟復甦將很快降臨，正常的商業模式可以重回軌道。

法律事務所的前景

令人遺憾的是，若本書第一部的預測正確，法律事務所未來的十年，以及十年之後的日子，必定會被要求刪減法律費用的客戶追著跑。這正是錢少事多的挑戰所在（參見第一章）。對大多數的事務所而言，不論他們多麼不情願，我預測刪減費用這件事終將迫使他們採取替代性方式（參見第四章）。而結果就是我們將目睹金字塔型勢力的結束——即使最樂觀以對，金字塔（合夥人在頂端，經驗不足的律師在底部）也會從寬底變成窄底。屆時，以大批菜鳥律師作爲獲利基底的金字塔，將不再是法律事務所追求的結構。「若想生存下去，」席爾多．李維特（Theodore Levitt）[9]在他一篇研討會發表的文章〈行銷短視症〉（Marketing Myopia）中曾說過這麼一段耐人尋味的話：「律師就必須爲現在賴以維生的湧泉做乾涸後的打算。」

9 譯按：美國經濟學家、哈佛商學院教授。

舉例而言，一旦時機成熟，有些法律事務所會選擇遣散事務所內資淺及正在受訓的律師，或不再召募這類律師。他們會以一組具有能力的合夥人爲運作主體，每位合夥人可能各有一位助理律師，至於例行性的工作，則全部以外包形式轉移至事務所以外的地方處理。有些事務所也許會選擇建立如內部法律助理團隊，也或許會建立境外法律分支機構。另外還有一些事務所藉由創造新市場，或加入不屬於法律服務供應鏈的市場（例如在客戶進行商業交易之前就開始涉入），而找到提供新型法律服務的機會（參見第十三章）。

儘管所有的法律事務所都會受到這些改變的衝擊，一些大型的事務所仍然堅持己見，認爲相較於法律大眾化、拆解法律工作以及替代性服務來源等概念，「高端工作」（high-end-work）不太會受到衝擊。然而，細細檢驗，我們會發現所謂的「高端工作」不過是個迷思——即使是世界上金額最高的交易案或規模最大的糾紛案，其中一定有相當部分的法律業務可以例行化，並且以不同的形式進行。只承接客製化的案子與只承辦高端工作兩者的差異頗大，客製化的案件通常是高端工作分出來的小型附屬案子；而堅持只接客製化服務的大型法律事務所，很可能會陷入危機。舉例來說，某個機構出面承攬某件大型交易案或糾紛案的專案管理工作後，他們很可能會移轉部分工作給這類聲稱只接客製化服務的事務所，讓他們擔任分包商。同時間，過去由這類法律事務所中資淺律師處理的工作，現在會被轉包給法律服務的替代性提供者。

全球菁英？

今日世界上大約有二十家左右的菁英法律事務所（未來十年，這些事務所很可能會合併成爲規模較小的組織）認爲他們一點都不需要改變，而且他們可以繼續享受獲利。他們主張說，任何一件賭上一切就是要贏的交易或訴訟，客戶一定還是希望提供法律服務的方式多少照著老規矩走。這些事務所還說，那些眞正有門檻的案件，全世界也只有少數幾個品牌會讓董事們點頭同意委任（「沒人會因爲買ＩＢＭ而被開除」[10]原則），而且不管怎樣，當一家公司的前途全繫於一線時，不論是面

10 譯按：這是一九八〇年代市場流行的一句話，意思是即使市場上有許多其他選擇，但可能都伴隨著風險，因此購買市場龍頭的產品是最安全的選擇。到了一九九〇年代，這句話變成了「沒人會因為買微軟而被開除」，等到二〇〇八年經濟不景氣後，這句話又變成了「沒人會因為買黃金而被開除」。

臨威脅或期待一個大的投資案，法律業務的費用根本不是問題（「整體來看，這裡一百萬、那裡一百萬根本就看不出差別」原則）。如果所有的菁英法律事務所都相信這種說法，而且繼續以過去的方式工作，那麼他們的說法很可能是正確的，因爲要說服一群百萬富翁相信他們的商業模式將會被打破，絕非易事。

只不過，套用李維特的說法，這些法律事務所對自己這種「產業的主流產品沒有競爭替代品」的想法，不應該過度自信。只要某家排名在前的法律事務所脫離這個既有的秩序，抑或某個重要新勢力（譬如全球四大會計師事務所）跨界出線，爲市場帶來新的誘因，那麼市場很可能從此不可逆地改變，舉例來說，一個信用卓著的品牌，但價格是競爭者的一半。改變的不僅是那些菁英事務所，整個法律產業都會因此換了容顏。法律事務所的領導者應該暫停他們對這種發展趨勢的懷疑，因爲某些大客戶表示他們正積極尋找替代性的法務服務，取代某些昂貴且有時過於狂妄的大型法律事務所的傳統服務方式。舉例而言，有些客戶會將公司業務拆解，將例行事務轉給較低成本的在地公司或法律流程委外，讓菁英事務所專注於最具挑戰性的業務。這麼做衝擊了仰賴資淺的律師做這些例行工作的大事務所的獲利模式。

菁英事務所也要留意同行打破慣例，二〇一六年就有一例，安理國際法律事務所與勤業眾信合作，推出 MarginMatrix 線上系統，幫助銀行處理國際市場新的管規所帶來的各種憑證和文件問題。這個系統給很多精英事務所造成麻煩，因爲他們本來預期要爲客戶提供關於法規的客製化服務。

至於中型的法律事務所，若想生存與成長，我認爲他們大多得與其他事務所進行整併，尋求外部投資，改變目前的工作方式，採用較長遠的永續經營模式。當前法律市場已經出現了一個契機——由於客戶對某些頂尖法律事務所的不滿，於是釋出了前所未有的機會給他們認定可靠的法律服務提供者。若想抓住這個契機，中型法律事務所就必須找到方式，建立起屬於自己的信譽、品牌與能力。

我相信將來會有一個足供具有特殊專業的中小型法律事務所發揮的市場。連最大規模組織的法務長都常常表示，他們歡迎高度專業以及個人的服務，就算來自中型法律事務所亦可。通常會吸引這類大型企業焦點的是某一位律師，而不是特定的法律事務所。

至於規模更小、合夥人數少的法律事務所，儘管也可以提供某些市場願意付錢的專業或個人服務，但長遠來看，我很難想像這類的法律執業該如何生存。在商業大街上、在市場自由化的法律國度裡，就日常的法律服務而言，銀行與零售業者將與單打獨鬥的律師和小型事務所競爭，譬如不動產轉讓業務、遺囑、個人傷害案件等等。將來在外資的挹注以及經驗豐富的企業經理人驅動下，這些企業結構很可能會讓法律服務標準化、系統化、外部化（參見第三章），所帶來的成本降低、效率提升以及經驗等等，是傳統小型法律事務所難望項背的。這一天的來臨，也代表著以家庭工業型態提供法律服務的律師已經走到末路。一位審閱本書出版計畫的評審說，他們希望我能花更多時間討論一般性的小型法律事務所。我不太願意這麼做，因為在法律市場開放的地區，我真的看不到多數小型法律事務所的未來（二〇二〇年之後）。

我在本書初版做了各種觀察意見，其中對小型事務所的悲觀引來許多爭論。我要說我對小型事務所並無任何偏見。我只是看不出來這些街角的小商家如何在大型超市的夾殺下生存，不論是面對比較大的公司或網路服務。

換個角度來看，小型事務所的合夥人可以問問自己這個問題：到了二〇二〇年代，作為小型法律事務所我們具有什麼獨特的價值？以下是一些符合標準的答案：客戶清楚告訴我們，他們不想要我們有所改變；我們的社群需要廣泛的法律服務，我們傳統的做法看來沒有明顯的競爭者；我們是被認可的專家，雖然小但專業服人；雖然我們是律師，但客戶找上門是因爲我們也可以做商業諮詢，雖然小，但我們提供比其他法律企業更高品質且低成本的服務；我們可以提供高科技又人性化的服務。有些小型事務所自認可以交出這樣的答案，但並非多數。

訴訟律師與辯護律師

另外一群經常說他們不會受到經濟趨勢、市場開放或科技影響的專業法律人士，是英國稱爲辯護律師，世界各地法律事務所稱爲訴訟律師的這批人。

法庭辯護在本質上的確是高度客製化的業務，而且辯護律師的努力成果與專業知識能否標準化或電腦化，目前仍屬未知。最好的辯護可能是客製化法律服務的最佳模範。在可見的未來，我一點都不懷疑牽涉價値高及最複雜的法律案件，將繼續在傳統法庭上以傳統的方式攻防。碰到攸關性命的糾紛案件，當事人依然會確保代表自己出戰的法律戰士擁有最優秀的能力。然而，在價値或複雜度較低的糾紛案件裡，當事人是否仍然堅持把大把鈔票花在辯護律師上，我就不是那麼肯定了。撇開仲裁、法律協商以及其他爭端解決方式可能的發展趨勢，預防與避免糾紛的新興技術（參見第九章）會降低由法院解決、甚或送入法庭處理的案件數量。更甚者，當大家接受虛擬審訊的程度愈高，出庭人數愈少，線上爭端解決機制無疑會取代許多傳統的辯護律師。眞正身經百戰的辯護律師，其搶手度仍會持續好一段時間，不過經驗不足的民事訴訟律師若想在二〇二〇年之後擁有美好的前程，可能需要重新思考自己的未來，準備加入虛擬聽審以及線上爭端解決機制的行列。

本書所預測的改變，對於英格蘭與蘇格蘭那些專門爲複雜的法律條文撰寫意見書的辯護律師的影響，要比處理其他法律業務的律師來得小，因爲他們這種眞正客製化的服務，到目前爲止沒有明顯出線的替代性方案。

新合夥人的問題

值此法律市場面臨巨大改變之際，我注意到許多新上任的法律事務所合夥人感到些許的慌亂與不安。過去我覺得年輕的合夥人是很有趣的一群人。這些通常屬於三十俱樂部的年輕律師，聰明又精力充沛，經驗也相當豐富，但在經營管理上，他們卻常常預期事務所未來在功能以及獲利上都和過去一樣。他們大多自信滿滿，資深前輩提攜他們爲新任合夥人，讓他們走路生風，之前的努力得到回報，更是讓他們每個人志得意滿；而當他們發現成爲合夥人，其實只是必須重新在另一個階段上從最底層開始往上爬，屢屢會顯露出焦躁不安。

然而，過去這幾年我發現年輕的合夥人除了對於升遷這件事沒有以往來得自信，對於事務所的前途也是憂心忡忡。一九九六年至二〇〇六年間，當我爲法律事務所的新任合夥人授課時，我覺得他們對我那些聽起來怪異的想法普遍不以爲然。課堂上大部分的新鮮合夥人都寧願盯著他們的黑莓機或法律文件。現在的情況卻大大改變了。今日這些年輕的合夥人不但正襟危坐地聆聽，還不時提出類似的問題，迫切想知道我的看法。我把他們的問題以及我通常的回答整理如下：

▪我們的事務所可以繼續生存下去、永續經營嗎？

本書第一部所預期的改變已經發生。如果事務所不接受替代性的法律服務方案，我對大部分法律事務所的永續經營存疑。

▪法律服務的商業模式是否已被打破？

若我們說的是合夥人在頂端、菜鳥律師在底部負責執行例行性業務的寬底金字塔模式，那麼我想長期而言這個模式的確會被打破。失衡的業務會由替代性的服務方式取代。

▪黃金年代已逝？

多年來，我始終認爲法律界的黃金年代是在二〇〇六年前後。我並非單指獲利以及營業額，因爲二〇〇六年之後，仍然有許多法律事務所的獲利以及營業額繼續上升。我的重點在於案子的難易度、客戶毫無異議接受事務所索價的程度，以及提供服務的盡力程度。某些菁英法律事務所以及具備企業家特質的事務所，仍然可以享受黃金年代，不過對多數法律事務所而言，除非他們有所調整改變，否則黃金年代的確已成過去。

▪我們的固定成本是否太高了？

未來幾年，法律事務所必須重新檢視自己的資產策略，因爲在一個網路愈來愈普及、視訊無所不在的世界，昂貴城市裡的昂貴辦公室將成爲奢侈的享受。另外，由於可以在成本較低的區域或國家找到替代性的支援，數量龐大的資淺律師的人事成本，相對變得過高。

．前人留下了什麼資產給我們？

大多數新任合夥人所繼承的，都是很快就會令人捉襟見肘的過時、老派，以及低技術的業務型態。這表示法律產業缺的不是智慧與人才，而是這些人才在市場上展現工作成效的方式，不論就方法上與價格上都已經不具競爭優勢。

．資深合夥人在乎長遠的未來嗎？

這個問題非常重要。遺憾的是，我碰到的大多數法律事務所的領導人，都只剩下寥寥幾年的任期，他們只希望能撐到我預期會發生的那些改變完全吞沒他們之前。若單從經營者的角度來看，他們對短期利潤的重視遠高於長期策略性的健全體質。這對新任的合夥人來說，是很悲哀的狀況，因爲任何法律事務所的重大開創或再造工程，都必須是上命下達。我發現法律事務所與會計師事務所有個極大的反差，那就是後者的資深合夥人似乎要比他們的新任合夥人更關心事務所未來的發展。這些會計師事務所的資深合夥人自許爲永續事業的暫時管理人，而非在價格合適時就抽腿的短期投機者，他們的經營理念絕對可以爲更多的法律事務所的合夥人帶來益處。

換言之，法律事務所的資深合夥人現在應該好好思考一下，該如何更大方地留些好東西給後輩。

該是領導者上場的時候了

經理人和領導者在法律事務所裡有不同的角色。經理人往往著眼短期，確保客戶得到服務、任務達成、數字達標、團隊充滿幹勁。相對來說，領導者眼觀短期卻也心懷對組織有益的長期策略。他們隨時關注市場變化，建立持久的顧客關係，強化品牌，並且檢視和發展策略。就歷史觀之，從一九八〇年代到經濟大蕭條，多數法律事務所還不用擔心領導力的問題。遊戲規則很簡單，實務上合作是一年期，目標就是有更多業務和減少支出。這是守成的概念。然而，在劇烈變動的年代，需要更有力的方向指引。爲了存續和興盛，需要好的領導者。

對明日的法律事務所來說，最好的領導者不會因循守舊，蕭規曹隨。當改變快速且全面來臨時，沒有時間說服懷疑者和停滯不前的人。

最終，能夠說服多數律師的是證據，而非言論。對各種主張，每個靈活的律師都可以找到一個聰明的反論。相對的，反駁證據比較困難，好比有些客戶對特殊的系統或創新充滿熱忱。所以領導者要提供支持改變的證據，而非只是修辭。問題在於，如果證據來自別人，那麼你就變成了追隨者。因此，領導者需要從內尋找證據，不論是試行、實驗或透過客戶檢驗各種想法。法律事務所的領導者需要有餘裕進行持續的研究和發展，不用時時取得多數合夥人的同意。聽起來沒有那麼遵循合夥關係，但確實更像是商業經營。

第七章

企業律師的角色變化

企業律師應該謹記自己擁有極大的採購力，
可惜許多人似乎並未領悟到這一點。
不論是今日還是未來的許多年，
市場都將是由買方主導，特別是大型客户。

我認識一些任職於企業的優秀律師。他們隸屬於一個龐大組織內的法務部門。這些法務部門可能規模浩大，譬如大銀行或大企業的法務部有時多達一千名律師。企業律師這個職位主要是吸引那些想要打入企業核心的人。任職於法律事務所與企業還是隔了一層；任職於企業或組織內部，你就是它們的一部分。大多數法學院學生在思考未來生涯時，都傾向於在法律事務所裡工作。（美國除外，許多美國法學院的學生都渴望成爲政府律師〔government lawyer〕。）多數法學院幾乎不討論企業律師的角色，這一點實在不太尋常，因爲這些人很可能對未來的法律服務產生極大的影響。

法律風險控管

大多數的法務長，也就是企業或組織內部法律團隊的最高主管，他們都認爲企業律師的主要工作應該是風險控管；「法律風險控管」是他們的主要能力和服務。然而，這種說法卻與企業律師實際的救火工作相反——他們每天都要面對內部各種要求、麻煩與問題，他們認爲自己有義務提供有用的答案。事實上，各方湧入的問題中，雖然有些的確值得這些企業律師以嚴肅的法律專業應對，但很多問題根本無此必要。大多數法務長都希望自己的團隊能夠更有選擇性；能夠從過度的被動回應改爲主動出擊。換句話說，企業律師的任務應該是在問題發生前預見問題，他們的重點應該是在避免紛爭，而非解決紛爭。

法律風險的控管有許多方式，重點通常都是在預防組織成員不慎讓組織蒙受損失，譬如因爲違反某項規定或某份合約而惹來問題。這種風險的控管，舉例來說，可以透過提升法律警覺性、引進特定規定或程序、使用標準文件、讓律師直接參與組織事務等等方法來達成。法律風險的控管也可以納入稽核、風險檢驗以及健全的驗證制度等手段，針對組織內部的法規遵循或訴訟前的準備等過程進行管理。毫無疑問，未來企業律師的風險管理工作勢必愈來愈系統化，要求也愈來愈嚴苛。除此之外，他們還需要更複雜的工具與技術協助。令人訝異的是，少之又少的法律事務所看到這其中的商機。

另一個趨勢是，企業律師與法律事務所共同分擔法律風險的程度愈來愈高。有些法務長認爲，若交易或糾紛的處理結果無法令人滿意，參與解決的法律事務所應該刪減費用以示負責。法律事務所則主張，爲公平起見，這種風險分攤的方式應該是雙向的，倘若一件案子成功了，法律服務費用也應該增加。未來，隨著經濟壓力增加，這類關於費用與風險分攤的爭論會愈演愈烈。爲了激勵法律事務所盡力工作，分攤風險的方法一定會有所變化。有個有趣的例子，那就是法律事務所若成功協助企業避免訴訟，企業律師會另外支付獎金給法律事務所。

知識管理

使用標準文件已經是一種降低法律風險的成熟技術：企業或組織要求其成員或法務人員使用經過謹慎設計的制式合約（且須經過許可），因爲這些合約在設計時就已預先考量了各種法律問題及陷阱。若未經法務部門簽字同意，公司人員不得修改這種制式合約的任何條款規定，這麼做可以讓商業談判有所約束。

這些標準文件的實際制訂工作屬於法律知識管理的範疇，是一群律師集體專業知識以及專門技術的掌握、訓練與分享過程。制訂標準文件的動機在於避免重複浪費人力，建立一套優於任何個人記憶的制度化記憶。知識管理是專業支援型律師的核心工作之一，所謂的專業支援型律師是指在一流的法律事務所工作的一群法律專才，英國尤其如此。

企業的法務部門鮮少聘用知識管理人或專業支援型律師，這其實是很矛盾的現象。確保知識管理所帶來的效益，顯然對企業律師是有好處的。反過來看，站在以時計費的法律事務所的立場，透過知識的回收利用來提高工作效率，誘因就沒有那麼明顯了。既然如此，爲什麼企業不像法律事務所一樣投資重金，僱用知識管理人來好好保護這些專業知識呢？對企業律師而言，阻力似乎來自於費用問題——據說單單是把與交易案沒有直接關係的律師聘用計畫送進財務長辦公室，就已經是件艱鉅的任務了。至於法律事務所，他們很清楚客戶都期待外部顧問能夠提供大量的範本與判例參考（即使美、加不同，英國也絕對如此），而知識管理人正是專門維護這類專業技術的人員。簡言之，大部分企業律師都喜歡知識管理這個概念，卻寧願讓法律事務所負擔這種費用。

這種現象一定會改變。要不了太久，企業律師便會體認到知識管理的重要性，還能夠計算出專業支援型律師所帶來的實質利益，進而設法說服董事會聘用能夠透過科技帶來法律知識共享（在法律部門內和組織之間）的人。

期待法律事務所提供更多

除開風險和知識管理，我們來談談未來客戶將如何挑選法律事務所？大家總以為律師之間的差異，在於實質專業能力的高低；亦即當事人會被那些看起來懂得更多或更專業的律師給吸引。然而，在眾多優秀的律師及法律事務所之間，當事人常說自己沒什麼好選的，因爲這些律師對於重要技術性法規內容以及法律業務的熟稔程度相當。因此，通常一家法律事務所之所以出線，特別是針對獨特性較高的案件，主要是看律師與委託人之間的個人關係。（當案子屬於例行性業務，這種人際關係的重要性會相對降低。）

於是乎，未來若要經營成功的法律事業，單單具備傑出的法律頭腦是不夠的。明日世界的律師若想贏得新客戶，並讓新客戶感到滿意，還要具備各種軟實力。至於企業律師，未來不只在成本上會更加斤斤計較，也會更加謹慎地選擇要與哪些外部法律事務建立關係。這些改變都將爲法律事務所帶來壓力，迫使他們盡可能建立面對面的互動關係，並利用各種社交人脈維持常態性的聯絡。

舉例來說，那些持續對客戶表達積極關心的法律事務所，皆獲得客戶肯定的回應。客戶喜歡感覺被放在心裡，尤其是被那些他們花了相當的錢延聘的法律事務所，即便雙方目前沒有合作案。特別花時間去考量客戶的業務需求及產業相關事務的法律事務所，也會得到客戶的重視。舉例來說，客戶喜歡聽到律師分析說某件案子可能會對他們產生什麼影響，也喜歡定時收到對他們有直接衝擊的趨勢或發展報告。許多律師不覺得有必要維繫這樣的關係，他們通常以計費的工作爲重。這其實是一件很可惜的事，因爲客戶很重視這種互動，對長期關係的維繫也愈來愈重要。

另外一件年輕律師要謹記的事，是法律事務所應該對客戶抱持著同理心。企業的法務長常常會發現合作的法律事務所並不瞭解他們，這些法律事務所對客戶的業務和營運毫無理解。我所指的並不是法律事務所不看客戶的年度營運報告（儘管有些事務所連這一點都做不到），也不是說他們對於客戶的產業環境一無所知。我要說的是，客戶普遍有一種更大的憂慮：法律事務所沒有花上足夠的時間，站在客戶的立場去思考眞正的需求是什麼。譬如，有人跟我說大多數的法律事務所都無法掌握客戶的風險承受度以及面臨的風險種類、不瞭解客戶要處理的行政作業有多沉重、不清楚企業內部溝通的方式，還有更重要的是，法律事務所根本不知道他們提供服務的這些交易或糾紛案件背後更完整的策略與商業脈絡。

簡言之，明日世界的律師需要與客戶同步同調。相較之下，據說現在的法律事務所在與客戶開會時，許多合夥人非但不仔細傾聽服務對象心裡在想什麼，反而倨傲地滔滔不絕。也就是說，許多法律事務所缺乏同理心。他們無法站在客戶的立場、從客戶的角度看事情。常常有人說，就是因爲律師不懂得傾聽，因此無法分辨哪些時候客戶需要快速且權宜的指導，哪些時候又需要鉅細靡遺、詳盡徹底的法律分析。這種同理心以及傾聽能力的缺乏，很可能會傷害法律事務所與客戶之間的長期關係。

面對錢少事多的挑戰

風險管理與知識管理將是企業律師未來的核心策略，企業與法律事務所之間的關係也會是營運的重要考量。然而，大多數法務長念茲在茲的主要管理問題，還是如何面對錢少事多的挑戰。展望未來，這個問題會讓大多數的法務長在夜裡輾轉難眠。他們該如何用更少的成本，爲自己的企業或組織提供更多的法律服務？

現階段，伸手可觸的果實是壓低外部律師的費用。但有個根本的衝突：企業客戶與律師的目標迥異。當客戶一通電話打到法律事務所，告知公司遇到麻煩時，除非是碰到罕見的道德崇高的合夥人，否則法律事務所都衷心希望這個麻煩有夠麻煩。遭遇任何法律問題，客戶無不祈禱自己提出的需求是常態性業務，可以快速且無痛地解決，而法律事務所通常渴望能夠接到具挑戰的指令，最好能讓整個團隊的人因爲複雜的工作而昏天暗地好一陣子。

除此之外，由於目前法律市場的主流仍是採按時計價的收費方式，也讓律師與客戶之間產生利益衝突。大多數客戶都不想花錢買專家的時間。他們要的是結果、解決問題的辦法，以及實質的指導。他們也希望能夠掌握確切與可預期的費用，而不是開張空白支票，無限承諾一小時又一小時的帳單。一般來說，按時計價無法讓法律事務所有足夠的動力去提供客戶眞正需要的東西。於是，一如我們已經提過的風險管理發展趨勢，在未來的十年，我們將看到更複雜的機制，用以校準及協調法律事務所與客戶各自的誘因。

這些機制絕對不會只是按時計費的粗製濫造修訂版。在第二章我已經解釋過爲什麼按時計費的修訂版本普遍令人失望。企業律師將會明白，降低成本的目標無法單靠替代性的計費方式來達成。眞正的挑戰是如何採取不同的工作方式。某些企業律師已經知道要這麼做，也努力接觸各種替代性的法律服務方式，儘管結果如何尚未明確。

這裡主要的問題是重複性。根據歷來的經驗，法律工作不是由客戶自己處理，就是委託外部的法律事務所承辦。但事實證明，不論採用何種方式，問題都在於例行性與重複性的法律業務成本過高。因此，針對這類重複性高的法律業務，尋求不同的支援方法愈來愈受到青睞：外包給成本較低的第三方服務提供者、將法律業務轉給已經承攬如電話服務中心等其他功能的海外地區、鼓勵法律事務所把業務轉包給費用較低地區的律師、利用收費只有傳統法律事務所一半的約聘律師等等。這些都是我在第二章提及「效率策略」的例子，重點在於刪減法律服務的成本。

另外還有一種合作型外包的可能性，這種方式需要多家企業的法務部門共同合作，透過如合作服務中心的設立，分攤某些一般性法律服務的成本。在第二章的「合作策略」裡，我還提到銀行與地方政府機關所採取的合作方式。

毫無疑問，企業律師對於法律工作的各種支援方式已經愈來愈感興趣。

合作精神

有一種不同的合作方式正逐漸興起——某些企業律師熱中於在外部配合的法律事務所之間形成一股合作氣氛。他們會以「大家庭」來形容主要幾家合作的法律事務所，用意在於建立這些事務所之間的信賴關係，而非競爭；也在於讓各事務所可以合而爲一地支援客戶的需要，而非各使奇招爭取下一份工作。結果應該是會出現一群更有生產力、更有效率、態度也更開放的律師。站在這個角度來看，一家企業的法律能力取決於內部法務與外部法律事務所之間的結合程度。我們期待法律事務所的律師能像家人般同心協力，而非功能不彰、爭論不休。他們要懂得分享，並且專注於更高的共同目標：客戶的利益。

這種管理外部法律事務所的方式目前還不普遍。事實上，有些法務長對於法律事務所之間的合作抱持懷疑的態度。許多銀行似乎也有這種想法。他們認爲要外部的法律事務所彼此合作，是不切實際的想望。在商言商的律師求的是市場機會，而非社交俱樂部，也不是家族活動。因此有些企業律師積極鼓勵配合的外部法律事務所彼此競爭。透過這種競爭方式，各家法律事務所角逐標案，展現各自的優越性——比其他競爭者更優秀、更便宜、更有效率，或者更有創意。

法律事務所之間究竟該合作或競爭，在此雖然沒有正確的解答，但見證過兩種方式各自產生的結果後（不只在金融界，還有其他產業），我預測合作的方式終將勝出。合作的方式有幾個吸引人的顯著特質：可以避免重複的工作、可以剔除不符成本效益的工作、可以更有效爲客戶提供服務、工作關係也更加友善。舉例而言，站在客戶的立場，要求配合的法律事務所共同提供訓練服務當然很合理。另外，諸如針對特定的交易案或糾紛案，從不同的法律事務所裡挑選最優秀的律師組織「夢幻律師團隊」這種令人興奮的機會，也會因法律事務所的合作模式而出現。那些傾向合作概念的企業，他們要面對的挑戰是如何適時適所地提出合作的誘因，讓各家法律事務所眞心期盼一起合作。這場戰爭中，有一半的力氣得花在確保所有家族成員都有穩定的業務來源。在如此的合作架構下，合作者才會願意接納聯合網絡的科技。法律事務所將聚集在一個虛擬的屋簷下，以虛擬團體的方式工作。這種合作模式可以藉由如 LinkedIn 這類一般性的網路服務或 Legal OnRamp 這類的法律工具來達成。一如許多其他法律實務的領域，企業律師的未來也將數位化。

法務長可以採取的策略

從實務的角度來看，企業的法務長該如何迎戰未來，尤其又該如何面對錢少事多的挑戰呢？我無法提出令所有人滿意的答案，但我歸納出目前已有人應用的四種一般性策略，其範疇及目標各不相同。第一種策略是把主要焦點放在外部法律事務所，設法降低他們的價格。大多數法律工作都交由法律事務所處理的企業，比較偏好這種策略。第二種方式較適用於公司內部設有大規模法務部門的法務長，把重點放在重組法務部門。第三種策略是同時檢視內部與外部的法律事務處理能力，雙管精實。最後一種策略最具野心——從零開始，放棄現有（不論內部或外部）的資源，徹底進行一次全面性的法律需求分析。分析一旦完成，接下來的工作就是確認哪種法律服務提供方式最適合哪種需求；服務提供來源不能只限定於傳統的律師，新型態的法律服務提供者也必須考慮在內。我認為，最後一種策略最符合成本效益，也最能回應大型企業未來的法律需求，一旦時機成熟，這種策略將是所有稱職的法務部門偏好的策略。

近來相關的發展值得一提：企業法務部門的營運長或營運主管的委任。廣義來說，這些人的職責是把部門當成像企業一樣經營。很多人重視策略、替代性外包、更有效率的採購與技術，如此一來法務長就可以做他們擅長的法律顧問工作。營運長也是協力的，最好的例子是二〇一四年設立的營運長聯盟「公司法律運營聯盟」（Corporate Legal Operations Consortium）。

企業律師的權責

我經常發現企業律師在設想未來時顯得缺乏自信，這點頗令我詫異。他們經常問我，如果經濟好轉，法律事務所是否會恢復舊有的工作模式。而我總是回答，全看身為客戶的他們想要怎麼做。倘若企業律師不想讓那些舊有陋習復辟的話，就應該把這樣的訊息清楚傳達給外部的法律顧問。在當前這個買方市場的環境中，法律事務所絕對不敢輕忽這樣的訊息。

大多數的企業律師原則上都承認改變有其必要，也認為他們應該更謹慎地管控費用，與外部的法律支援訂定更有利的合作條件。然而，他們大多宣稱沒有時間、精力或能力去採取效率策略或合作策略。深入探究之後，我發現事實上問題在於許多法務長偏好選擇法律事務所提出的既有解決方案。這是一種惡性循環，如前所提，法律事務所本身沒有什麼誘因去支持效率策略或合作策略。當客戶看起來一點都不在乎效率與費用，而競爭對手又沒什麼積極作爲時，爲什麼要用具有潛在破壞性的創新服務自斷現有的財路？

企業律師必須切記，在任職的企業或組織結構中，你們很可能會被放大檢視。不停抱怨法律事務所不願意改變是交代不過去的。再說，舉例而言，愈來愈多人知道有許多不同的管道可以尋求法律支援，營運長、財務長或董事會必然會詢問法務長，法務部門是否已經採用新興的法律服務方式，或者是否已經開始探尋這些新管道。爲了協助企業律師思考，我提出了下列這個我稱之爲「股東測試」的問題：

> 為了處理某筆交易案或糾紛案而提出一項所費不貲的方案時，對利潤斤斤計較，且對目前愈來愈多的替代性法律服務管道非常清楚的股東，是否也認為這個方案值回票價？

若企業律師允許法律事務所回到經濟不景氣前的索費標準及工作方式，顯然難以通過這個股東測試。很快地法務長（和營運長）將別無選擇，必須徹底檢視自己的部門與工作方式：成本的壓力將累積到無法承受的地步，屆時企業律師就算不進行再造工程，也必須改變自己的工作方式，調整尋求外部法律服務支援的做法。

唯有具備其他法律競爭者無法提供的價值，企業律師才能夠開拓前途。眞正專業與受信任的法律顧問是企業的無價資源，但除非法務長準備好在法務部門、法律事務所及其他法律服務提供者之間，推動效率策略與合作策略，否則這些內部法律人員前途還是一片迷茫。我建議所有的企業律師不要等到火燒眉毛才開始行動。現在就該準備迎接挑戰。

企業律師應該謹記自己擁有極大的採購力，可惜許多人似乎並未領悟到這一點。不論是今日還是未來的許多年，市場都將是由買方主導，特別是大型客戶。我一直無法理解爲什麼法務長們不對外部的法律事務所更嚴苛一些。世界百大法律事務所的生計，有很大一部分都來自世界前一千大的企業。如果眾法務長們要求得更嚴苛些，事實上，也只有在眾法務長們要求得更嚴苛的時候，才能夠促使這些位於頂端的法律事務所進行改造，也唯有如此才能重新定義整個法律市場。

第八章

改變的時機

胸懷大志、希望能擁有一個類似父母那個時代榮景的律師，
可能要失望了。
然而，對於那些尋找新機會，
希望能為我在此書中預言的各種發展貢獻一己之力的律師，
我相信再也找不到比現在更令人振奮的時機了。

常有人要我指出，我所預測的變化什麼時候會到來。某些評論家與律師認爲這些變化已經出現，幾年之內法律世界將徹底改變。有些人則相信這些變化將以更緩慢的速度進行，整個改變或許得耗時數十年。我以爲，既不會有一場宇宙大爆炸的革命，也不會是一段小火慢燉的過程。我預計在我們眼前展開的，將是一場逐漸加快腳步的三段式改革——否認（denial）、資源重分配（re-sourcing），以及斷裂（disruption）（如圖 8-1）。

我並不是說所有的法律事務所與企業的法務部門都會同步經歷這三個階段。某些先驅者的演進速度要比大多數的同業快得多，但也有極多的落後者需要更長的時間去演進。一如其他模型，這個三階段說只是簡易版，目的在於讓大家對大部分的大型法律事務所與企業法務部門的未來動向有些粗略的認識。

沒有人能對改變做出準確的預測，因爲改變速度大多受到經濟狀況、客戶需求的強度、市場上新興競爭對手的衝擊，以及是否有法律事務所帶頭採取新的法律服務方式等因素左右。

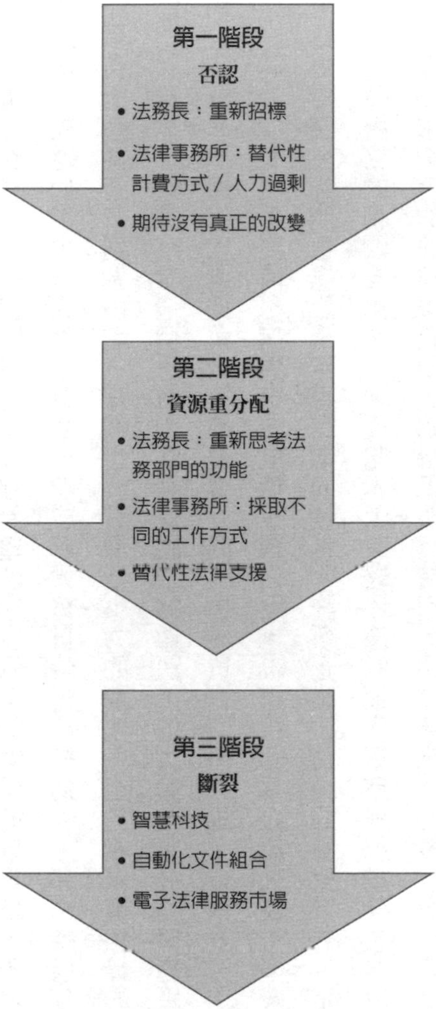

第一階段

否認

• 法務長：重新招標

• 法律事務所：替代性計費方式／人力過剩

• 期待沒有真正的改變

第二階段

資源重分配

• 法務長：重新思考法務部門的功能

• 法律事務所：採取不同的工作方式

• 替代性法律支援

第三階段

斷裂

• 智慧科技

• 自動化文件組合

• 電子法律服務市場

圖8-1　法律市場改變的三階段

第一階段：否認

二〇一六年十月我寫作本書二版之際，我們正處於這個階段尾聲。雖然很多律師，不論任職於法律事務所或企業，都希望二〇〇六年的榮景能夠重現，不過我認識的法律先進們很少有人否認改變已然成真。舊日時光已經過去，那個時候許多法律事務所的案子多到做不完，當然也沒有價格壓力的問題。至於企業或組織的法務部門，雖然上級曾暗示他們思考一下勒緊腰帶的做法，但大體說來並沒有施壓要他們少花錢。那個年代遍地黃金，屬於賣方的市場，買方的口袋也深得很。

二〇〇七年，經濟不振與金融危機接踵而至，本書第一章介紹的錢少事多的挑戰於焉降臨，我們也處於十年否認期的發軔。許多企業法務長的應對方式，是設法降低法律服務的相關支出，而非從基本上改變內部的運作策略或尋求外援，於是他們不斷要求配合的法律事務所大幅降低服務費用。這種要求在許多案子上是透過競爭激烈的招標程序來進行。結果大部分的法律事務所一面提出替代性計費的各種版本，卻也造成律師（從資淺律師到合夥人）以及支援人力過剩的情況；另一方面又不斷刪減諸如科技與行銷等後勤功能的費用。

實際上，大多數企業的法務部門以及法律事務所，都希望在沒有劇烈變動的情況下安然躲過風雨：企業律師希望維持人員編制，而法律事務所則祈禱能透過（非根本性的）費用刪減讓事務所繼續茁壯，維持獲利。

在第一階段裡，有些法律事務所已經開始做起表面工夫——他們的確分攤了一小部分的工作給替代性的支援業者，但做秀意義大於實質效果。他們這麼做的目的主要是想建構一套可靠的說詞，好對那些要求事務所提出降低費用策略的客戶有所交代。這種表面工夫更深層的目的是拖延時間，希望市場能夠回到客戶不再迫切需要刪減法律預算的榮景。

於此同時，有些企業律師認爲要減少法律事務所的服務費用，可行做法是擴大部門的規模，因爲基本上企業律師的成本要比法律事務所的收費低。可惜從戰術面來看，這種做法經證明是無效的。擴大編制一方面會讓人產生不切實際的假設，以爲人員增加必然會有助生產效益；另一方面通常也代表其他需求的增加，因爲多一位律師常常也會需要多一位助理，整個團隊的人力跟著膨脹。再者，不論任何情況，擴充法務部門的性能通常會陷入法律工作只有兩種解決方式（內部法務或外部事務所）的過時思維，因此忽略了替代性支援的可能。

簡言之，在這個還要持續幾年的第一階段，我覺得大多數（其實是所有）的律師都處於否認法律市場會產生根本性及結構性改變的階段。他們假設或祈禱當經濟好轉、商業交易改善時，法界又會重回二〇〇六年前後的作業模式。我認爲這種想法匪夷所思，部分原因是全球經濟在可見的未來應該不太可能有所改善，部分原因則是企業經營者已經看到法律服務費用可以用更節約的方式管理，也知道法律服務工作有不同於以往但效率更好的承辦方式，因此他們完全不想再回到以前那種沒有效率的年代。

第二階段：資源重分配

在否認的階段，企業領導者和董事會終將注意到法律服務成本並未如他們所指示的那樣大幅減少。儘管法務長可以樂觀地表示以時計價的費率已經調降，坊間還有許多替代性的計費方式，但他們終歸無法達到成本刪減的幅度要求。不論任職於企業或法律事務所，律師勢必都要從不同的計價方式轉向不同的工作方式。這就是從第一階段進入第二階段。儘管有愈來愈多進步的事務所和法務部門已經立於第二階段，但許多事務所還是處於兩者之間的過渡期。

在第二個階段，若企業的法務長繼續漠視部門的效率不彰，將無法向上級交代。法務長們要求法律事務所尋求例行性業務的替代性支援方式，也不能再收取以往那種按時計價的高昂費用，但他們也必須以同樣的標準反求諸己。因此法律事務所和企業將合作分析法律工作，確認哪些工作是屬於程序性及行政性的業務，並判斷有哪些不一樣的支援管道可以處理，不論外包、境外承包、法律助理、電腦化，抑或是使用其他第四章提到的支援策略。不同企業或組織的法務部門之間也要開始合作，分攤法律服務費用（見第二章）。

在這個階段，新興的第三方法律專業服務提供者，將在法律市場上扮演更重要的角色，包括法律程序業務外包、出版商、會計師事務所、私人資金挹注的新興企業，以及許多其他的公司或組織。也許不會有一個明確的轉捩點，但我們將目睹法律事務所面對數量與型態都明顯升高的競爭勢力。

除此之外，在第二階段裡，法律事務所與企業的法務部門都將尋找如業務外包或合作服務平台等管道，以更低的成本管理後勤功能，譬如科技與帳務。

企業的法務部門也會投資更多資源，分析法律服務以及法律風險管理的需求。

企業經營者會希望更清楚地瞭解公司迫切且不可避免的法律費用，甚至限制法務部門只能將預算花在這些迫切且不可避免的問題上。

第三階段：斷裂

在第二個階段裡，替代性支援通常是指以較低成本的勞力完成法律工作。這種方式可以有效省下大筆費用。只不過這種替代性支援不是法律市場發展的終站。藉由更強大的資訊科技，第三階段將會出現更多重大的變化。大致來說，這些科技具有破壞性，也就是說這些科技會改變並取代傳統的工作方式。

許多律師與評論者並未認知到法律程序業務外包可能只是暫時的答案，而非久遠之計。試想兩種大家普遍認爲適合外包的法律業務，訴訟文件檢閱與基本合約擬定，一旦時機成熟，其實兩者都會被表現遠優於資淺律師與行政人員的資訊系統給取代。適合外包的法律業務，其特色就是被拆解後可以在流程的協助下，交由受過良好訓練但相對而言較沒有專業技術的人員完成，而這正是所有可以應用資訊科技處理的工作的特質。因此，用於電子揭露（electronic disclosure）的先進搜尋科技，運用在訴訟文件審閱上的表現早已優於人工。（所謂電子揭露，廣義而言指的是糾紛或爭議的當事各方，讓對方知道我方電子文件的存在。）同理，自動文件組合系統的運作效率與可靠度，也遠高於經驗不是太豐富的律師或行政人員。

儘管突破性科技的廣泛運用與無所不在代表著法律服務的終局，但科技的世界並沒有終點（見第一章）。長遠來看，愈來愈多的法律業務可由先進的電腦系統處理，屆時人類只要輕鬆地在電腦上下達指令即可。這就是明日世界的律師執業及工作的大環境。

這些突破性技術將來不僅會主導實質的法律工作，也會影響法律服務提供者（不論是人類或電腦系統）的工作方式。比價系統、商譽系統或線上競標系統（參見第五章）的使用將更爲頻繁，因此形成一個電子化的法律市場，其交易基礎與獨霸數十年的傳統法律市場截然不同。

當然，並不是說電腦系統會在，譬如說，二〇二〇年前全面取代人力。這當然是不可能的。但在二〇二〇年之後，所有成功的法律企業都將從人工處理轉爲以智慧科技爲基礎的複雜作業模式。屆時電腦系統的應用將是普遍的現象。當前的經濟市場上已經可以看到許多這樣的改變，我們實在沒有理由認爲法界可以對資訊科技免疫。如果類似的科技可以讓醫界以及稽核業務大變身，律師就應該敞開心胸，進行類似的檢驗與思考。

即將興起的法律新世界，勢必與今日的法律世界不同，而那是大多數年輕律師將一腳踏入的世界。胸懷大志、希望能擁有一個類似父母那個時代榮景的律師，可能要失望了。然而，對於那些尋找新機會，希望能爲我在此書中預言的各種發展貢獻一己之力的律師，我相信再也找不到比現在更令人振奮的時機了。

第九章

司法接近權與線上法律服務

因為經濟環境而減少的法律援助，
勢必會迫使法律服務以及法院服務變得更平價、
更容易為大家所利用。
眼前重要而急迫的社會挑戰，
是尋找法律援助的新方法。

二〇〇〇年，我在《改變法律》一書中曾預言，五年內，英國網路使用人口將超過透過法律途徑尋求正義的人。遺憾的是，我一語成讖。簡單來說，今日全英國只有少於百分之五的人口被拒於網路世界之外，然而英格蘭與威爾斯的絕大部分人民，依然無法負擔得起大部分的律師服務及法庭費用。好消息是，如我長期所主張的，人民追求司法正義所遭遇的問題，終將因資訊科技這個重要因素而得以克服。本章的目的，就是要讓各位瞭解這樣的改變會如何出現。

司法接近權

卡夫卡在《審判》（*The Trial*）中呈現的場景讓人難忘。書中那個倒楣的鄉下人從未預期到自己會碰到任何問題，畢竟他始終以為「任何人隨時都可以透過法律追求公平正義」。或許大家也都這麼想，不過幾年前的一項研究結果顯示，在英國與威爾斯，每年未結的民事案件約有一百萬件。這種法律排除或無法滿足人民法律需求的狀況，是很嚴重的社會問題，泛稱爲「司法接近權」的問題。

再把範圍擴大來想，現今除了小部分的法律規定，任何人都無法假裝自己有能力理解我們的法律系統。但是每個人都需要認識足以影響我們的法律規定。由於大部分人民不瞭解大部分的法律，也沒有能力負擔得起傳統的法律專業建議，我們似乎處於一個危機重重的環境。這個問題在當事人希望透過法院採取法律行動時，更加凸顯。看在外行人的眼裡，法院似乎過度浪費時間，而且不合理、好訟，沉溺於隱晦不明的程序與用語，當然還有相關費用之高，沒有幾個人負擔得起。就是因爲長期深受這些問題困擾，當時還是上議院司法委員，後來成爲英國與威爾斯高等法院院長的伍爾夫爵士（Lord Woolf），才會針對民事審判體系的未來，在一九九五與一九九六年發表了以「司法接近權」爲名的兩篇研討報告。伍爾夫爵士的報告重點擺在爭端的解決上。從那時開始，許多法官與政策制訂者就把擴大司法接近權這件事與改善爭端解決的方式劃上等號。

我看得比較遠。我認爲追求司法正義的過程中，若完全、甚或只把重點放在爭端的解決，那麼我們對法律系統應有的期待未免過於狹隘。我的論點是，司法接近權不應該只擁抱爭端的解決，也要含括我所謂的爭端的遏止、避免，以及推動法律的健全化。

遏止爭端的重點在於預防各方意見不合的程度過度升高；律師以及當事人都需

要自制。避免爭端是企業律師經常向我提及的一個議題：法律風險管理之於他們，套用我的說法，一如在懸崖頂上加圍籬，而不是在崖底擺輛救護車。截至目前爲止，我還沒碰過任何人，不論是企業主管或消費者，寧願要律師解決一宗爭議案，而非從一開始就避免爭議的產生。推動法律健全化的意義遠高於避免爭議的預防性工作，法律健全化是要確保大家即使在沒有任何法律問題或紛爭時，也瞭解法律，並善用法律提供的益處、進展及優勢。

認知、選擇、服務

瞭解上述司法接近權的幾個面向後，談到非法律人士的困境時，問題就更複雜了。非法律人士遭遇到的第一個挑戰，是認知的問題，也就是沒有深刻法律知識的人，如何瞭解自己可以從法律協助中獲益。有時候法律協助的好處很明顯，譬如一封索賠函或法院判定得立即搬家等等。然而，這些人常常不知道自己處於一個有法律問題需要解決、遏止、避免的情況中，或者根本不曉得可以透過法律協助來保全某些對自己有利的事證。你似乎要是一位律師才有辦法瞭解自己可以透過法律協助獲得益處。

就算當事人認知到自己可以從法律協助中獲益，他們仍然得面對第二項挑戰，也就是選擇最佳的法律指導，不論是找一位合適的律師，或其他類型的法律顧問，甚至尋求線上協助。

第三項挑戰是法律服務本身的問題。我們現在都面臨令人眼花瞭亂的選擇，我稱之爲多源環境（參見第四章）。我不認爲傳統的法律事務所裡的律師可以獨占市場，也不認爲他們是客戶最經濟實惠的法律指引。因爲經濟環境而減少的法律援助，勢必會迫使法律服務以及法院服務變得更平價、更容易爲大家所利用。眼前重要而急迫的社會挑戰，是尋找法律援助的新方法，尤其當對象是一般民眾與小型企業時。

線上法律服務

有一種明顯可以替代律師服務的方式，是由有法律經驗且通常出於自願的非律師人士，針對當事人的問題及權利義務提供建議。以英國爲例，公民諮詢服務

（Citizens Advice）就是專門負責提供這類協助的機構，可惜該機構因資源不足而顯得捉襟見肘。令一種選擇是提供人民以及企業線上法律資源，讓他們可以自行處理部分的法律問題，抑或在當事人需要法律指引時，可以與自己的法律顧問進行更有效的合作。如果英國可以設立一個線上醫療指導的服務體系，例如 http://www.nhs.uk，沒有道理法律工作不能依樣畫葫蘆。

一般來說，線上服務早已不是少數高科技人士獨占的福利了。相反的，網路已經成爲英國與威爾斯大多數家庭和企業的生活重心。多數研究資料顯示，英國的網路使用人口占總人口數超過百分之八十五。當然，剩下的百分之十五也很重要，但牛津大學網路中心（the Oxford Internet Institute）研究證實，這些非網路使用者（或前網路使用者）中，只有五分之一「完全不知道」在自己遭遇問題時可以尋求協助。實務上，這表示全英國只有百分之五的人口與現代脫節；二十個人裡面只有不到一個人不是網路使用者也找不到人可以協助上網求助。這個比例遠比大家以爲的要來得低。

線上法律服務有三種型態：第一，免費的網際服務，由各種商業團體或非營利組織提供；第二，使用者必須登錄訂閱的工具服務，由傳統法律事務所提供；第三，諸如商業組織或法律出版商等其他企業提供的收費服務。

實務上來說，網路如何在各層面上幫助大家確保司法接近權呢？首先，因應上述的初期障礙，資訊科技會持續被採用，協助非律師人士「認知」到自己只要輸入一些法律相關的資料，就可能獲得某些協助。另有一種做法是讓使用者在線上註冊，輸入他們有興趣的社會與工作項目，當與此相關的法規增修時，他們就會自動收到系統的提醒。還有一種方法是線上分類——當一個人遭遇問題時，一套簡單的線上診斷系統可以透過一連串的問題，辨識出這位使用者的問題是否屬於法律範疇，若屬於法律範疇，再做進一步的分類。

除此之外，我在第五章提到更先進的可能性，是把法律規定嵌入系統與程序中。請大家想想接龍的遊戲。玩紙牌接龍時，我們可以在紅牌五下面擺上黑牌四，雖然這樣明顯犯規。然而，如果是在電腦上玩接龍，這樣的行爲就行不通了。不管你多努力要把黑牌四接在紅牌五後面，每次移動滑鼠時，系統都會拒絕接受。兩者的差別就在於電子版的接龍已經把相關規定崁入系統中，不遵守規定的行動不在選項內。未來，我預測在社會與工作的許多層面上，都會以類似的方法將法律規定嵌入系統與程序裡。這表示非法律人士不需要再擔心或理解需要輸入的法律訊息。

最後一項可以幫助非法律人士認知到自己是否需要法律協助的資訊科技，是透過我稱爲「法律經驗社群」的力量。如果你是電腦使用者，曾經碰過微軟視窗跳出的那些令人搞不清楚的錯誤訊息，我想你一定曾把視窗上的錯誤通知剪下來，貼到Google上，然後才發現網路上早已有人提供了解決方法。同樣的，在法律世界裡，我相信利用公開的資源以及秉持維基百科的精神，一定可以建立大型的法律社群，不必透過正式管道，而是以非正式的方式，從社群網路上瞭解影響自己的法律議題。

在協助客戶選擇律師以及其他法律指引時，資訊科技也將扮演一定的角色。如我在第五章所解釋的，將來還會出現網路商譽系統，與那些評價飯店、餐廳的系統差不多。這種商譽系統可以針對特定的法律事務所或律師，將當事人切身的意見提供給其他使用者參考。還有讓非法律人士有機會瞭解到法律服務提供者的索價的比價系統，以及線上法律服務競標——這種競標方式通常不會出現在需要客製化服務的複雜案件上，多半是發生在例行性與重複程度高的工作上。

資訊科技對於法律服務的影響，在於將來大家遭遇程序或實質法律問題而需要基本指引時，勢必會有愈來愈多人轉向線上法律服務，而不再求助於律師。我們現在的日常生活中已經利用如此多的線上資訊，實在沒有理由認為法律協助無法以類似的方式提供服務，尤其對象是支付不起其他型態的法律服務費用的一般民眾與小型企業。同理，當事人需要訂定遺囑、房東要擬定租約時，使用者也會轉向網路尋找制式文件（參見第三章）；在人們想要知道跟自己一樣的非法律人士如何解決相同的問題時，一樣會求助於法律社群。

另外一個將在第十章討論到的可能性，是線上爭端解決機制——電子調解（e-mediation）與電子協商（e-negotiation）是其中兩例。

自願利用閒暇時間，以非面對面的方式提供當事人法律指引的律師或法律顧問，他們所組成的社群網站也是未來可能的發展方向。這種社群網站在網路世界裡將以不同的方式呈現，可以直接給予指導，也可以間接提供建議。

雖然在提及這些系統時，我說得好像它們將在未來出現，但其實數不清的法律服務早已在線上執行了。套用科幻小說作者威廉．吉布森（William Gibson）的話：「未來已至，只是尚未散布。」這些線上系統還處於萌芽階段，然而短短幾年之內，這些系統將成為普遍的工具，協助非法律人士瞭解自己需不需要法律服務、協助他們選擇最佳的法律指引，以及提供實際的指導。這絕不是一些網路狂熱者的痴人說夢。英國與威爾斯的法律服務委員會（the Legal Services Board）最近有項研究提出了重大的發現：支持線上提供可靠的法律支援與法律建議的人相當多。

某些線上法律服務，如第五章所討論的，對傳統的法律事務所具有破壞力。然而，許多線上法律服務的技術，卻能夠使那些原本因爲費用而無法獲得法律協助的人，眞正在法律之前享有平等地位。我稱之爲「潛在的法律市場」（latent legal market）的實現——許多人在生活中需要法律協助，並且因爲法律協助而獲益，但是這些協助在線上法律服務的科技出現之前，根本難以供大眾利用，不論是解決問題、遏止問題、避免問題或實質受益。如同第十二章與上述論點所言，線上法律服務會讓潛在的法律市場更自由化。

第十章

法官、科技與虛擬法庭

若法庭這個人民心中正義的化身被其他方式取代，
大眾對於正義的認知會受到怎樣的衝擊？
設計優良的線上爭端解決機制，
真的可以成為一個涵蓋範圍更廣的爭端解決新時代的象徵嗎？

一九八一年我還是格拉斯哥大學法律系的學生時，曾以電腦與司法程序爲論文主題。當時我對於先進的電腦系統究竟可以支援、甚或取代審判工作到什麼程度深感興趣。我對法律科技的潛力與極限始終興趣不減，也非常幸運有機會與許多英國資深的法官合作，特別是一九八八年至今擔任的最高法院首席大法官資訊科技顧問一職，讓我有機會進一步探討這個議題。

法官與資訊科技

媒體、小說塑造出了老派和不食人間煙火的法官形象，深植一般人腦海。順著這樣的印象，你或許會以爲先進司法轄區的法官都是新盧德主義的信徒（neo-Luddites）[11]。然而，事實正好相反。與我共事或聊過的多數法官都是資訊科技的忠實使用者，他們迫不及待地擁抱所有可以爲日常工作帶來實際效益的電腦系統，諸如電子郵件、文書處理、線上搜尋等等。

除了這些基本應用，資訊科技還能如何深遠地影響法官的工作？一九八〇年代早期，我認爲電腦系統既不可能（在技術上）也不應該（在原則上）完全取代法官的工作。我的這個立場至今未變。法官裁判的能力，特別是要處理法律原則、政策及道德議題等不同層面的複雜案件時，當前以及可見未來的電腦系統絕對趕不上。

然而，我相信本書提及的一些科技與可學習的事物，不但可以應用在律師的工作上，也可以運用在法官的工作上。依循本書第四章所提到的拆解與多源支援的概念，我實在找不到任何足以令人信服的主張來反對分析和拆解法官的工作，並且利用替代性及更有效的方式加以處理。

常有法官對我說，他們要處理的行政業務多如牛毛，但這些業務其實根本不需要具備法官資格的人去處理。還有，法官負責製作的文件中，至少有部分可以標準化，譬如法院命令。甚至，文件組合系統對法官也是大有幫助，畢竟很多文件內容均爲標準用字，只有小幅度的變動（見第三章）。

初步的法律資料搜尋也可以用不同的方式進行，一如英格蘭和威爾斯上訴法庭及最高法院配置司法助理的做法。當然，我們不太可能在整個司法體系中全配置新手，但還有其他創新的方式（利用資訊科技），能夠共享專業知識與經驗。我在此

11 譯按：反對現代科技的一種運動，主要是抗拒電腦時代愈來愈新穎，也愈來愈令人恐懼的消費性科技，提倡回歸簡樸生活。有人引申用來形容科技恐懼症。

呼籲，我們起碼要針對法官工作的拆解以及多源支援的可能性，展開進一步的研究。截至目前為止，資深法官們都以開放的心態面對我的呼籲，因此我期待改變會朝著這個方向前進。

多數能夠協助法官的科技系統，在本書第五章大概都點出來了。然而，可以想見的是，線上爭端解決機制將挑戰傳統的法官角色。接下來的章節將著墨於這個可能性。

令人失望的程序

在我接觸過的大多數司法管轄區，法官們對所謂的「電子工作」（e-working）普遍感到失望。這股不滿之情源於法官可以使用的電子系統，大部分無法真正協助他們處理日常的案件以及文件管理。

法律界人士提到「電子工作」這個名詞時，認知各有不同。有時候它是「電子案件檔案」（electronic case file）的同義字，意思是所有與某個案子相關的文件，全以電子形式（電子申報方式）送至法院，而法官以及相關法院人員可以透過電子包裹的方式讀取與利用。其他時候「電子工作」則是用於更廣義的工作上，包括電子案件檔案、工作流程管理、專案管理（參見第五章）。不論使用者如何定義這個詞，電子工作的廣義定義象徵了全球各地法院的共同願景：以資訊科技爲基礎的工作流程或專案管理，將標準流程以及電子案件檔案工作變得更有效率，讓文件的管理變得更好。

在多數國家，儘管科技的驚人發展已是普遍現實，但過去二十年來，不論在電子工作或法院行政與管理領域，科技幾乎毫無進展。大多數的法院工作仍然屬於勞力密集、卷帙繁雜，而且幾乎全以紙本爲主。雖然補救措施正在進行中，不過走一趟英國與威爾斯的法院，相較於英國大多數政府或民間的辦公室，你會看到一個績效不彰、自動化不足的工作環境。全英國的法官都在抱怨老舊的系統、過時的工作方式、過高的營運成本、效率低落，以及錯誤與延宕頻繁。需要進出法院的人也因此受苦，司法系統的信譽受到影響。一九九〇年代中期，伍爾夫爵士就在他有關司法接近權的報告中，針對民事審判系統的電腦化提出一系列的建議。可惜得以實現的項目少之又少。

在英格蘭與威爾斯，科技進展的停滯不前可歸咎於兩個原因：政府與財政部門不覺得民事審判是第一要務，因此投資不足；司法部缺乏大規模科技專案的採購與成功執行的案例。司法體系中不乏眼光遠大者。多年來，一些開明的法官、政治人物以及政府官員，都對法院以及司法體系藉由科技轉型的議題發表過大膽的看法。大家的遠見充足，可惜鈔票與科技能力卻力有未逮。

然而我要很振奮地說，在英格蘭與威爾斯，新世紀的曙光已經升起。從二〇一四年開始，法院體系中出現一股擁抱科技的新動力，由資深法官、政治家與事務官所主導。多數行動在二〇一四與一五年展開，二〇一五年十一月二十五日，出乎多數執業律師的意料，英國政府宣布將投入「超過七億英鎊讓法院現代化並全面數位化」。當時我在推特上寫下：「我等這一天已經等了三十四年了。」至少在經歷過無數次資金不足的挫敗後，總算換來對法院系統升級的認真對待。改革方案不只有科技面，還有減少法院建物，以及把法官的部分工作轉給法律行政人員。但科學確實是改變的核心，包括創造一個審檢的共同平台；民事、刑事與家事法庭的案件管理系統；整個法庭與審理程序的電子申報（e-filing）；虛擬聽審、線上法庭及其他。舊體系被揚棄，明日世界的法庭必須立基於科技之上。

前瞻未來

這個重要的改革方案近來獲得政府與司法部的政治認可，雙方於二〇一六年九月共同發表了一份聲明，名爲「改變我們的司法體制」（Transforming Our Justice System）。儘管書面內容提到共同致力於「一個公平、適當且可接近的司法審判系統」，但「改變」的詳細計畫卻尚未公諸於世。儘管如此，支持改變的主張不難論述，也適用於大部分的司法管轄區。

當前的法院體制運轉不順。大多數時候，法院效益不彰、動作緩慢、費用昂貴。一如前面章節所提，每年據說約有一百萬件民事審判案件未結，而預計要刪減的法律援助預算，更將大幅增加這個已經令人咋舌的狀況。有錢人才有司法接近權的事實已不再是危言聳聽。更有甚者，當事者卯盡全力進行的民事訴訟與司法費用不成比例，更是常常陷入牛刀殺雞卻讓雞逃脫的窘境。

原則上，若是法院也能享有其他產業的資訊科技優勢，那麼勞工密集、卷帙龐大的法院行政系統，就能由成本與錯誤率低、效率高且更便民的自動化、流程化、無紙化系統所取代。最後，一個有效率又設備完善的法院系統，配上有效率的律師，必能造就一個讓人民更有信心的系統。這種改變還具備了國際性的意義。如果英國眞的有心成爲全球爭端解決機制的領航者，就應該有足以支持其領導地位的尖端系統，以及程序與基礎建設。

這也是爲什麼我們的政府適時投入資金支持法院與爭端解決機制的科技升級是睿智之舉。在他們心中，當前的要務很可能是刪減成本，而非投資科技，這一點實在不難理解。然而，矛盾的是，在撙節預算的當前，科技對各國政府來說其實並非是問題，而是答案。獎賞耀眼，那就是價格低廉、運作快速、費用合理、包羅萬象的爭端解決機制。

資訊科技化的法院

除了後勤行政與電子化工作，科技在法院裡還能扮演什麼角色？首先，甚至是在當事人齊聚法院之前，就有一種可以讓法院立即受惠的技術——電子申報。這個技術包括以電子表格的形式遞送法院需要的文件，比起簽收一大堆文書，法官與法院行政人員將因此省事不少，特別是如果電子申報的文件有超連結，承辦者會更輕鬆。過去幾年來，電子申報在英國和其他地區已經愈來愈受使用者歡迎。

接下來，走進法院，一個明顯可以使用資訊科技的地方，是法官在審訊過程中以筆電製作筆記。自一九九〇年代初期開始，全球各地的法院或多或少都應用了三種較爲複雜的科技。第一種是電腦輔助的同步法庭記錄（computer-assisted transcription，簡稱 CAT），速記人員在記下法庭發言內容的同時，由電腦轉譯成文本，呈現在法官以及其他相關人員的螢幕上。電子記錄的內容可以附加註釋，也可以建立一個可供搜尋的訴訟資料庫。

第二種科技是文件顯示系統（document display system），這套系統確保審訊過程中每個人都確實看著同一頁，不用枯等當事各方與法官找到正在談論的那份文件或檔案的特定一頁。當發言者要求所有人望向螢幕時，螢幕上也會立刻顯示相關文件。

研究與經驗都指出，電腦輔助的同步法庭記錄與文件顯示科技可以將庭訊的時間縮短四分之一到三分之一。

第三種科技則是證據的電子呈現（electronic presentation of evidence，簡稱 EPE），此種做法應驗了一句古諺：「千言萬語比不上一張圖片。」辯護律師不再需要完全倚賴口頭辯護，他們可以利用大量的非語言工具呈現證據，包括圖表、圖解、一覽表、模型、動畫、情境重塑、模擬等方式。這些佐證可以顯示在法庭的顯示器上，也可以投影在大型的螢幕上。民事與刑事案件都可以利用這樣的呈現手法，舉例來說，某個計畫的延宕程度可以透過動畫方式，強而有力地呈現出實際執行時間以及預計執行時間兩者的落差；資金複雜的流動不再只能用錯綜複雜的口述讓人頭昏眼花，也可以藉由圖解來清楚說明。

儘管電腦輔助的同步法庭記錄、文件顯示系統及電子呈現的實際應用省時又省錢，但法院體系的採用度一樣極低。有幾個例外的現象值得注意。英國最高法院支持使用電子申報、文件顯示、即時記錄，也鼓勵法官於審理時使用電腦以及遠端證據等系統。各類特別法庭也都具備令人印象深刻的科技系統。在一大片不見科技蹤跡的法庭沙漠，每一項科技應用都是一小塊的綠洲。

有趣的是，這些科技系統在公開審理的案件，例如沙維爾爵士（Lord Saville）審理眾所矚目的血腥星期日案（Bloody Sunday）[12]（審理此案時，法庭的資源比較充裕），或大型商業爭議案件（在這類案件中，各方當事人都有非常雄厚的訴訟預算），以及複雜的刑事案件（刑事審判體系獲得的科技投資遠比民事審判體系來得多），都應用得非常成功。

未來許多法庭可能會和沙維爾爵士的法庭很像，其科技化的程度也許會跟美國太空總署的控制室不相上下。

虛擬法庭

當我們展望未來，思考法院以及爭端解決機制的長遠未來時，會出現一個基本問題：法院是一種服務，還是一個地方？若要解決紛爭，當事人以及他們的法律顧問，一定得聚集在某一個實際存在的空間，才能向法官陳述各自的論點嗎？為什麼不能有虛擬法庭（virtual court）或類似的線上法庭？

其實「虛擬法庭」這個詞至今尚未有絕對的定義，一般人提到「虛擬法庭」，

12 譯按：一九七二年一月三十日的星期日，一些北愛爾蘭天主教民眾在倫敦德里（Derry）未經申請進行示威，遭到英國軍開槍隊鎮壓，造成十三個人死亡。十一週後替英軍脫罪的報告出爐，受害者家屬與北愛爾蘭天主教徒一片譁然。一九九八年英國政府設立特別法庭重啟調查，沙維爾爵士為特別調查庭的成員之一，也是該案的負責人。審理結果於二〇一〇年公布，英國政府承認在此案件中英軍開槍「不正當」，當時的首相喀麥隆（David Camron）代表道歉。

指的仍是相當傳統的法庭結構，只不過其中引進某種視訊連結技術。涉及孩童或證人受到脅迫的刑事案件，最常採用這種虛擬的做法；另外，透過連結監獄與法庭的視訊系統進行交保或還押的審理，這樣的案件量也愈來愈高。在某些民事案件中，身在英國以外地區的證人，可以在國內找不到專家證人的前提下，遠距離提供證詞。這種虛擬法庭的概念，主要是讓證人或被告出現在法庭的大螢幕上，此舉可以省時省錢，也可以保護相關證人。

二〇一〇年，英國司法部針對這個議題發表了一份名爲《虛擬法庭試行：成果評核》（*Virtual Court Pilot: Outcome Evaluation*）的報告。它肯定了警察局與法院之間的視訊連結，可以讓大多數的刑事案件順利進行第一次的審理；而且在這次的試行計畫中，應用的科技不但縮短了從起訴到第一次審理的平均時間、降低了未出庭的比例，也省下了將犯人從監獄移送到法院的交通費用。另一方面，報告結果指出應用這些科技的成本其實高於帶來的好處。然而，這些科技的價格正在大幅降低，尤其若能大量採購，成本會更低。

此外，我們使用視訊電話以及視訊會議的情況愈來愈普遍，從 Skype 到網眞系統（telepresence[13]，像是打了類固醇的 Skype），這表示虛擬法庭的實現機會大增。即使虛擬法庭無法進行眞正的審判，最起碼在初期的審訊階段，法官可以坐在他們的辦公室裡進行審理，而當事各方則遠距參與。

對於明日世界的律師，實際出庭的次數可能會愈來愈少。相反的，虛擬出庭將成爲常態，屆時將需要新的陳述與辯護技巧。我並不是說虛擬法庭會在接下來幾年處處可見。在英格蘭，虛擬審訊還是相對罕見，然而它們在二〇二〇年代將成爲主流，對於這一點我毫無疑問。

13 譯按：網真系統必須建置在特定的空間，優點是固定在會議室牆上的設備，能提供極佳的視訊品質，缺點是造價高昂，動輒數十萬或上百萬美元，通常只有大型企業有能力採購，且開會人數有上限（通常為六人或十人以內），會議地點也無法機動調整。

第十一章

線上法庭與
線上爭端解決機制

無論誰付錢，我們必須找出方法擴大接近司法的管道，
減少未獲滿足的法律需求，
而這種方法的成本相對於任何案件的標的價值，
必須是合理的。
就線上法庭與線上爭端解決機制來說，
我們相信已經找到了解答。

在虛擬法庭的結構中，一位或多位法官坐在像審訊室的地方，以傳統方式執行審判。虛擬法庭與傳統法庭的分別在於有些當事人透過視訊方式出庭，而非本人親自到庭。但現在線上法庭與線上爭端解決還有比虛擬審訊更先進的做法。在這個美麗的新世界裡，完全不需要傳統法庭。取而代之的做法，解決紛爭的程序，特別是解決辦法的形成，完全或至少絕大部分是透過網路完成。法院成了一種服務，而不是固定的場所。

線上法庭

執筆之際，線上法庭的故事正快速進展，比起本書討論的其他創新，線上法庭對我們的日常生活可能產生更大的影響。在加拿大與荷蘭已有些試辦計畫，不過英國與威爾斯推行中的方案可說是最富野心的。在英國與威爾斯，線上法庭的推行是第十章提到的政府改革方案的一部分，源於我有幸能主持的民事司法委員會線上爭端顧問小組（Online Dispute Resolution Advisory Group）的任務。

始於二〇一四年四月，我們這個專家團隊的目的在於：調查以線上爭端解決機制作爲處理標的金額較小的民事糾紛之替代方案的可能性與限制。尤其，工作重點在於標的金額低於兩萬五千英鎊的民事案件是否適合採用線上爭端解決機制。儘管歐盟執行委員會的線上爭端解決機制規則（ODR Regulation）（編號524/2013）已於二〇一三年七月生效，但出乎意料的是大部分的律師對此未曾聽聞，而已知悉者也時常抱持懷疑態度。我們瞭解線上爭端解決機制可能威脅某些訴訟律師的生計，但不應該因而放棄尋求接近性更高且符合比例原則的爭端解決制度。

我們在報告中首先提到，普遍認爲傳統的法院制度成本太高、速度太慢也太複雜，尤其對標的金額較小的「無律師代表的當事人」更是如此。我們主要的建議就是英格蘭暨威爾斯女王陛下法院及審裁處事務局（HM Courts & Tribunals Service in England and Wales）應設立一個全新的、以網際網路爲基礎的法院服務，名稱爲女王陛下線上法庭（Her Majesty's Online Court），提供三階段的服務。第一個階段是「線上評估」（online evaluation）。這有助於權益受損者釐清並分類他們的問題，確認他們的權利義務，瞭解可選擇的方案以及可主張的救濟。正如第九章的分析，這個階段有助於「避免紛爭」。

第二個階段是「線上引導」（online facilitation）。在這個階段，由引導者協助將糾紛引導到迅速又公平的結論，無須法官的涉入。這些引導者主要透過網路進行溝通，也會檢閱文件及書狀，並以調解及協商的方法協助當事人。如有必要，他們也會安排電話會議。此外，也會有些自動化的協商工具。這個階段要達成的目的是「遏制紛爭」。

第三個階段則有法官透過線上作業的方式參與。法官是專業訓練完整的司法體系成員，他們會根據以電子形式送交給他們的文書，就適當的案件或部分案件做出裁判。這將會是結構化的線上書狀交換程序的一環。同樣的，也可以用電話會議的方式，而在未來還可利用影音連結。第三階段將實現「解決紛爭」。

我們認爲線上法庭可以帶來兩個重大效益：增加接近司法的容易度（更負擔得起也對使用者更友善）；不論對當事人和法院系統來說，都能顯著節省成本。我們強調，這並非科幻小說的情節。以網路爲基礎的爭端解決機制已經在私部門以及包括加拿大、荷蘭及德國在內的其他許多司法領域中運作。

我們做出的報告《低標的金額民事訴訟之線上爭端機制》（*Online Dispute Resolution for Low Value Civil Claims*）經媒體披露，當時的英格蘭暨威爾斯掌卷法官（Master of the Rolls）戴森勛爵（Lord Dyson），也是我們最資深的民事庭法官，稱此爲「我國民事司法制度史上令人振奮的里程碑」。

對於前述報告的反應，一般來說相當正面。英格蘭暨威爾斯女王陛下法院及審裁處事務局表示，這是「重大且發人深省的一步」，而且他們似乎願意推進這樣的理念。非訟律師公會（The Law Society）表示這項報告是個「激勵人心且有趣的提案，顯然值得更詳盡的審議」。訴訟律師公會的回應則較爲謹慎，呼籲「我們必須小心避免創設一個過於簡化的制度」。他們繼續提到，「如果請求事項較爲複雜的當事人發現這個以快速獲得結果的系統限縮了他們的管道，代價是犧牲相關事實獲得謹慎審酌的機會」，這就不是正義了。有些執業訴訟律師也呼應這樣的疑慮。然而，我們絕非主張將複雜的法律請求透過線上法庭來解決。如果複雜的案件移送到線上引導者或法官那裡，可預期的他們會將這些案件分派到傳統的法院去。線上法庭並非適用於所有類型的訴訟。

英格蘭與威爾斯的法官們支持我們的主張。然而，要成功推動線上法庭服務需要強力的政治支持。二〇一五年六月底我們迎來這樣的支持，司法大臣麥可·戈夫（Michael Gove）公開表示支持。而前一天，首席法官湯瑪士勛爵（Lord Thomas）已經熱忱地爲這個理念背書。二〇一五年十一月，對於政府會投入經費進行法院科技改革的懷疑已經被一掃而空，財政部支出審查結果宣布英國政府將實際投入「超過七億英鎊讓法院現代化並全面數位化」。隔一個月，二〇一五年十二月，時任上訴法院院長（本書寫作之際擔任民事司法委員會副委員長）的麥可・布里斯（Michael Briggs），在他提出的民事法院結構審查期中報告中，為民事司法委員會線上爭端顧問小組在二〇一五年二月提出的線上法庭概念背書，並據此基礎加以擴展。二〇一六年七月，布里斯法官發布一份深具影響力的報告，強烈倡議線上法庭，同時也認真地回覆了在他徵詢意見期間律師界提出的許多反對意見。簡言之，我們已經走在改革的路上。

然而，我們不能主張說，所有訴訟律師與非訟律師都已經理解線上法庭的新方案並採取正面回應。事實上，針對布里斯法官報告的反對，似乎比對民事司法委員會線上爭端顧問小組的反對力量更大。或許是因為線上法庭的主張現在已獲得司法機關與政府明確的支持，而且似乎即將成真。舉例來說，有人提出重大疑慮，例如公部門的科技化專案時常失敗，以及律師未能參與法律爭端解決可能帶來的風險。

可以預期還會有強烈的反對，我們也歡迎公開的論辯。然而，在網路的時代，隨著時間演進，很難想像沒有任何類型的線上法庭。正式的討論主題可能在於線上法庭取代傳統審理的程度。至於標的價額較低的案件，線上法庭的設置將會提升利用司法制度的機會，減少爭端解決的成本。

與此同時，另一項爭論正在醞釀中，也就是低標的價額的爭端案件是否應該改由私部門提供的線上系統來解決。在許多法域，於政府正式啓用線上法庭之前，已經有少數的私人服務浮現，而且愈來愈受市場歡迎。有些人主張市場可能提供比政府部門成本更低且更好的服務，然而也有人主張提供由法官主持、具拘束力且可強制執行的爭端解決機制是政府的基本責任。

先進的線上爭端解決機制

全球的線上爭端解決機制社群對於線上法庭的進展感到欣慰，英格蘭及威爾斯的司法機關與政府部門的支持更是讓他們印象深刻。同時他們也明白已推行的計畫其實只是第一代的設定。的確，線上爭端解決機制的專家們從一九九〇年代之後就開始討論更爲先進的系統。這些系統的關鍵特性在於爭端解決過程必須由系統自動進行，不論是什麼樣的方式。

早期有個爲人所知的例子是網路和解（Cybersettle），一九九八年啓用的以網站爲基礎的系統。在其第一版，據稱網路和解處理了超過二十萬件索賠案，總處理金額超過十六億美金。大多數案件都是人身傷害或保險理賠。它採用了廣獲線上爭端解決專家討論的一項名爲「雙盲投標」（double-blind bidding）的程序，索賠人與被告各自提出自己所能接受的最高與最低和解金額。這些數字不會曝光，但若兩造的數字範圍重疊，雙方就能達成和解，而最後的和解金額通常都是兩造出價的中間值。

另一種更具野心的線上爭端解決是在網站上進行調解。或許因爲各方所在的地點問題，或許因爲相較於紛爭的規模，把當事人聚在一起協商的費用過高等理由，使得面對面的調解有實際執行的困難時，這時線上調解就可以派上用場。調解是一種替代性的爭端解決的方式，是一種在法庭之外化解分歧的做法。相對於法院程序，調解人以第三方的身分，通常在不公開以及保密的情況下，協助當事各方協商出和解的結果。透過混合使用網站工具與調解人、交換電子郵件以及線上討論區的溝通，衝突便可藉由線上調解以電子方式獲得解決。糾紛各造不需要在會議室碰面，就能夠在網路上解決分歧。

eBay 也採用這樣的線上爭端解決技巧處理問題。eBay 的用戶之間每年大約會發生六千萬件糾紛。無法想像將所有這些糾紛都送進傳統法院處理會如何。相對的，線上爭端解決機制勝出，順暢且有效率地加以處理，通常也會得到好的結果。

英格蘭暨威爾斯司法部也採納線上爭端解決機制。二〇〇二年啓動線上索賠系統（Money Claim Online system），這套系統讓沒有法律經驗的使用者無需處理複雜的書狀或走進郡法院，就能要到他們應得的金錢。這項服務適用於金錢請求，例如未清償的債務，以十萬英鎊爲上限。它讓請求人可以在線上提出金錢請求，必要時也可以請求作成判決及強制執行。被告也可以利用線上系統，據稱該系統每年處理超過六萬件請求，這樣的案件數量比英格蘭暨威爾斯任何一個郡法院處理的案件數都大上許多。

就技術層面來說，這些更具野心的系統仍然相當原始。我預期到了二〇二〇年代，線上法庭與線上爭端解決服務將透過網頁系統進行，大量使用先進的影音連結。這能讓法官與調解人更容易與當事人即時溝通。到時將會有以人工智慧爲基礎的診斷工具協助當事人論述他們的主張，也會有預測性的工具根據過去法院行爲的統計分析預測案件可能的結果。還有更前衛的做法，有些系統根據賽局理論的精神，提出具體的協商解決建議方案給雙方當事人。而在私部門，眾包技術獲得採用，最終決定並非來自個別法官，而是由同儕團體做成。

公平的審判？

換個角度來看，虛擬法院、線上法庭、線上爭端解決機制會威脅到一般人所認知的公平審判概念。例如，犯罪被害人與其家屬，以及民事糾紛中受損害或傷害的當事人，由於缺乏面對面的實質審理程序，可能會有受騙的感覺。由科技驅動的爭端解決無法提供某些人認爲屬於司法程序核心的終局感。廣義而言，訴訟者是不是失去了進到法院的機會？既是，也否。如果實際審理是爲了公開論辯，儘管線上法庭的成本較低，仍有所不足。然而，如果虛擬法院、線上法庭與線上爭端解決機制能提供更快速的解決之道，比司法機關規定案件審理所需的合理時程更快，那麼就很可能抵銷了不能親自論辯的失落感。而且關鍵在於，以科技爲基礎的解決方案可以局限在預審，大部分案件最終的審判則會以傳統方式進行。

對此可能出現一個不同的疑慮：聽審或審判應該是在可公開進入共見共聞的場

所進行，藉此讓犯錯者的行爲可以被公開宣告並加以責難。不過線上爭端解決的支持者主張，線上處理可以透過適當的過程提供更大的透明度，因爲法庭的運作與審判都可以在網路上以多種方式被看到。有趣的是，正因爲這樣的疑慮，有人主張應該以電視或廣播方式呈現審訊與司法程序，大幅提升公開程度。這樣的情況已經發生了，英國最高法院的訴訟程序已在天空新聞台（Sky News）的網站上直播。

至於審判結果是否眞的公平這個問題，當訴訟當事人、證人、律師遠距離行使他們的權利與義務時，並沒有任何明顯的理由認定法官或線上調解人會因此變得更不公平、更不獨立，或更不公正。當然，在追求正義的過程中，不論線上審理或傳統審理，確認判決以及調查結果的可信度都是至關重要的一件事。更重要的是，我們要避免線上法庭被當作是一種「經濟艙」的服務，而「商務艙」的服務則保留給那些付得起傳統法院成本的人。成本較低、更快速、更方便且更合情合理的服務，並不表示就是次等的服務。

還有其他很多重要的問題。遠端取證時證詞的可靠度與證人的可信度如何判斷？法官、陪審團與律師如果無法在法庭裡注視著證人的眼睛，會不會因此在判斷上陷於不利？或者，特寫、3D視訊、投放在高解析度的大螢幕上等技術，能否改善審訊的品質？在虛擬法庭的審理過程中，律師應該與當事人同處在鏡頭的另一端，抑或靠近法官的這一端？若遠距作證的體驗不像實際在法庭裡證述那樣有壓迫感（實際狀況很可能就是如此），會造成證詞的可信度增加或減少？或者會提高或減損裁判的權威性與論據的充分性嗎？

還有其他更一般性的問題，可參見茱蒂絲・瑞斯尼克（Judith Resnik）與丹尼斯・寇蒂斯（Dennis Curtis）在他們合著的權威作品《代表正義》（*Representing Justice*）中提到的——若法庭這個人民心中正義的化身被其他方式取代，大眾對於正義的認知會受到怎樣的衝擊？設計優良的線上爭端解決機制，眞的可以成爲一個更兼容並蓄的爭端解決新時代的象徵嗎？當前的政策決定者與意見領袖皆認爲虛擬法庭與先進的線上爭端解決機制既陌生又怪異，但這些人幾乎全來自非網路世代。對於線上工作與網路社交將成爲第二天性的未來世代而言，感覺可能大不相同。不可否認的是，虛擬法庭與線上爭端解決機制兩者的結合，會增加司法接近的機會，並提供難解糾紛不一樣的解決途徑。

現在的時機尚未成熟到能夠果斷回答以上提出的許多問題。無疑的，需要更多實驗研究與分析。然而，目前沒有任何壓倒性的反對意見，或需要優先考慮的法律或原則性問題，可以阻止法院持續執行先進的電腦化工程。

總的來說，比較線上法庭及線上爭端解決機制與理想的但令人難以負擔的傳統法院時，應該更爲謹慎。伏爾泰（Voltaire）應該會毫不遲疑地說，「完美是適當性的敵人。」應該比較的是我們現在實際有的司法體系：成本過高、耗時過久、非法律人難以理解，而且讓許多潛在的訴訟者無法提出可信的請求。無論誰付錢，我們必須找出方法擴大接近司法的管道，減少未獲滿足的法律需求，而這種方法的成本相對於任何案件的標的價值，必須是合理的。就線上法庭與線上爭端解決機制來說，我們相信已經找到了解答。

我預測線上法庭與線上爭端解決將是突破性的技術，從而根本地改變傳統參與法庭訴訟的人以及法官工作的方式。長期來看，我預期，最複雜且標的價額高的糾紛除外，線上法庭與線上爭端解決將變成其他所有案件的主要解決方式。

第十二章

再談法律的未來

只要你能夠閱讀、上線，就可以理解日常法律知識。
在某種程度上，
法律不再是那麼神祕的事……
每個人都愈來愈瞭解自己的權利並加以落實。

在本書之前，我亦曾預測未來二十年法律與法律服務的發展趨勢。一九九六年寫作《法律的未來》時，我抱持同樣的傻勁。回想起來，就當時而言，二〇一六年似乎是很遙遠的將來。然而，此刻我們已經走過了二〇一六年。不知不覺中，二〇三六年又將到來，即使今日想來它恍如某個遙遠的星球。

出版《法律的未來》時，上線人口只有三千五百萬人，現在則有超過三十五億的網際網路用戶。回到一九九六年當時，英國只有部分律師眞的看過全球互連網，幾乎沒有任何當事人收到法律顧問寄來的電子郵件，而行動電話在當時也很罕見。Amazon 當時才剛成立兩年。Google 還未成立。更不要說 YouTube、臉書或是維基百科了。想像未來二十年可能興起未曾想過而將改變人類生活的系統與服務，著實讓人興奮又不安。

《法律的未來》一書的副標題是「面對資訊科技的挑戰」。可以說，這三百頁關於做好準備面對挑戰的呼籲，確實在英國法律界造成某種程度的騷動。書裡滿是奇怪的建議，像是提倡當事人與他們的律師之間要多用電子郵件溝通，以及網站會變成法律搜尋的強大工具。當時既有的合法服務機構很不高興，他們說：郵務制度有什麼問題嗎？你沒聽過法律圖書館這種東西嗎？我的務實建議面臨質疑。

現在我仍然支持在那個時代提出的主張。然而，回顧過往，某些細節內容至多只能一笑置之，例如有關「資訊高速公路」的說法，現在聽來很過時。

法律典範的轉移

當時那本書的核心主張是：未來將會發生法律典範的轉移（現在回顧起來，這個詞選的不好，因爲「典範」一詞從那之後有點被濫用了）。我用這個詞的意思是，許多有關法律服務的性質與法律程序的本質的基本設定，將會因爲科技網路的到來而受到挑戰與改變。換句話說，過去關於律師工作以及非法律人接受法律指導的方式，我們認爲理所當然的許多事情，都將有所轉變，因爲新的系統與服務將會在科技的支援下建立起來。我在一九九六年摘述的典範轉移重新列在下表。

我不能完全照抄二十年前的詞彙，但如果要我給自己打分數，我想我當時預測的演變方向大致上已然成眞。

就程度而言，第一與最後一項改變仍是最重要的。請容我引用自己的話，將從顧問服務到諮詢服務的改變摘述如下：

今日的法律典範	未來的法律典範
法律服務	法律服務
顧問服務	諮詢服務
一對一	一對多
被動式的服務	主動式的服務
按時計費	按價值計費
限制性	強化自主能力
防禦性	務實
法律導向	商業導向
法律程序	法律程序
解決法律問題	法律風險管理
爭端解決	爭端預防
法律頒布	法律制訂
法律專業人員	法律專家與資訊工程師
以紙本為基礎	以資訊科技為基礎的法律系統

圖 12-1　法律典範的轉移

資訊科技最終將促成並鼓勵法律服務由顧問服務的形式轉變成資訊服務……最終傳遞的是一種可重複利用的法律指導與資訊服務，其普遍化的程度遠高於目前顧問工作針對特定個案提供的建議。

而在最後，關於捨棄紙本印刷，我預測：

在未來的法律典範下，法律實務與司法行政不再以印刷品與紙張為主。相對的，資訊社會的法律系統將在資訊科技強大的影響力之下快速演變。

要記得在一九九六年當時，這些建議如果沒有被斥爲語不驚人死不休，要不就是過於煽動。至於其他的演變，就像做三明治那樣，還是需要一層一層來。

從法律服務的改變開始，由一對一演變爲一對多的情況已透過兩種方式展現：律師掌握並重複利用知識與判例；可供許多不同使用者獲益的線上服務。在這兩種情況下，法律指導已不是過去那種一次性的，而是可循環利用的。

關於法律服務的主動性，實際上說的比做的多。有經驗的當事人會說，他們要做的是法律風險管理，而不只是解決法律問題，法令遵循這個蓬勃發展的領域是建立在避免而非解決法律問題的基礎上。我預期只要有適當的科技協助（例如透過「大數據」以及機械學習方法找出各式契約中的問題），主動性就會成爲法律服務的核心。

關於按時計費，數十年來評論者即不斷預測這種做法將會消失。至少長期看來，它確實穩定且普遍地轉變爲按價值計費或固定費用。律師可能偏好按照他們耗費的時間計價，但當事人寧可先知道他們的法律帳單上的數字。按時計費的做法將在二〇二〇年代式微。

網路上持續提供各種法律問題指引，對許多使用者來說，法律不再是那麼疏離而難懂的。只要你能夠閱讀、上線，就可以理解日常法律知識。在某種程度上，法律不再是那麼神祕的事。隨著線上法庭很可能即將推出，公民與小型商家應該會覺得更有自主性，而非因爲不懂法律而受限，每個人都愈來愈瞭解自己的權利並加以落實。

二〇一六年，大部分主流律師仍然會對他們的法律建議有所保留，而這麼做往往是因爲擔心有一天會被把律師意見當作買保險的當事人告（就我的經驗，那是罕見的狀況）。相對的，雖然某些線上服務附有免責聲明，但大部分確實都採取不是那麼防衛性且較務實的態度。使用者似乎明白網路服務並不是眞人服務，而且雖然有些律師樂觀地認爲他們還是會忙於接應那些因爲依賴有瑕疵的法律科技而受害的客戶，但我並未看到任何證據能夠證明這一點。

無論是小型企業或國際企業，從法律導向轉爲商業導向的重點在於，許多問題無法明確貼上「法律」的標籤。法律問題必然是出現在更廣的商業脈絡下，而且難以與之脫鉤。一九九六年時，我預測線上服務是跨領域的。目前許多政府與商業機構的網站確實就是如此，網站上的法律指引往往融合了會計或稅務建議。然而，法律事務所的律師仍然依照傳統領域劃分業務及建議內容，這也是客戶強烈批評之處。

至於法律程序的改變，從法律問題的解決轉向法律風險管理的趨勢，預示了新世界的法律問題時常在需要解決之前就已獲得解決。這與從被動轉向主動服務相關。此處的遠景是，在新的社會裡，藉由及早引入法律見解，從而使法律問題被限縮，避免危機升高。在過去，這需要律師提供謹慎的建議。但在我們目前所處的世界裡，許多人已經習於上網查詢自己的權利義務。隨著線上法律指導的改善，人們辨識與管理法律風險的能力也獲得提升。

另一個相關的改變是從爭端解決轉向爭端預防，在線上法庭推出後，這個趨勢愈來愈明顯。前一章提及線上案件評量與案件整理系統，即清楚顯示公部門的趨勢是試圖在法律問題出現之際就予以消弭。這種改革的背後有個驅動力在於儘早對案件進行裁決，使其不用進入司法機制，而早期裁決的方式經常是以更友善且成本較低的方式進行。

在《法律的未來》即將出版時，對於司法的可接近性有許多討論，原本應該是人人可知的法律內容卻得要花上很多錢才能知道也引來眾怒。有個社會運動名爲

「解放法律」，在鼓勵英國政府以免費方式提供法律資料給網路使用者的過程中，他們扮演了重要的角色。如同我在一九九六年時所寫的那樣，「有更多資料準備供人利用」。我指的除了法律，也包括各種案例。有兩個網站證明了我的預測，http://www.legislation.gov.uk（彙整英國國會立法與部會授權法規的官方資料庫）以及http://www.bailii.org（大型的英國與愛爾蘭法院案件資料庫）。不過我們還有一段路要走，才能宣稱我們已經充分揭露，也就是我們有普遍可利用的機制供一般民眾在新法制訂時明瞭其內容。

最後，我在一九九六年時預測法律人將經歷改變，並不是說法律專業人士會消失，而是會有新的角色興起，而資訊工程師將扮演舉足輕重的角色（今日我們傾向稱之爲「知識工程師」，參閱第十三章），他們與法律專家合作建構線上法律指導系統與文書自動化服務。實際上，傳統律師的人數仍然遠遠超過新式的法律專業工作者，但是法律科技新創事業與以科技爲基礎的替代性商業結構迅速增加，伴隨著高科技大型會計師事務所與法律出版商大幅涉入法律業務，這些都是新的分工型態之跡象。

潛在的法律市場

再次以較廣的視角來觀察法律典範的轉移，我在一九九六年提出的另一項主張是關於「潛在的法律市場」。在當時，這項主張引起很多人的興趣。我以這個用詞描述許多人在生活與工作上都需要法律協助，法律指引對他們有益，但他們欠缺資源，或者只是沒有勇氣走進律所尋求律師建議。如同本章所預測的，從那時候到現在，情況已經有了重大的改變，現在網路上有大量的資源可利用，人們確實可以從數以千計的網站中獲得實用且強大的法律指導；那些網站有的是政府網站，也有許多是志願性質的法律服務部門，還有律師為了行銷目的而提供人們線上法律協助。潛在的法律市場尚有極大的開發空間。

綜上所述，我承認我在二十年前預測的典範轉移尚未完全實現。但我現在認為問題不在於那樣的轉移會不會發生，而是何時將被看見。我目前的預測是它會在二〇二〇年代實現。如果順利的話，關於我之前的著作《法律的未來》中所提出的預測，我認為大約五年後可以實現。

第三部　年輕律師的前景

第十三章

律師的新工作

這些新工作將為那些希望在法界工作數十年的雄心壯志者，
提供一系列豐富又令人興奮的事業機會。
這些工作通常不是學生在進入法學院時心中所勾勒的未來藍圖。
然而，不論如何，
這些工作都是刺激智識、具有社會重要性的職業。

未來幾年，我預計傳統律師在社會上的地位將不如今日顯赫。那些不需要太高的專業度就可以處理的業務，或者智慧型電腦系統以及標準流程可以代勞的工作，客戶將不再願意支付高昂的費用請法律顧問來執行。這個預言雖然不代表律師這個職業的全面終結，但確實指出了將來客戶對於傳統律師的需求將會減少。同時，由於系統與流程在法律工作中扮演的角色愈來愈吃重，很可能出現新型態的法律服務以及令人興奮的新工作機會，這些可能性與機會都在等著具備足夠彈性、開闊心胸、擁有企業家精神、能夠適應市場環境變革的律師去掌握。

可靠的專業顧問

在可見的將來，仍有兩種傳統律師能夠繼續活躍於法界。當法律服務無法標準化或電腦化，或當客製化的服務無法避免時，客戶將求助於「可靠的專業顧問」。這些顧問都是聰明、具創造力、有創新特質的律師，他們可以爲面對複雜法律問題的客戶，創造出新的解決方法與策略（這就是專業的要素），並做出清楚的陳述與表達。這些律師不僅能以正直、自信的態度與客戶溝通，也能夠以高度客製化以及個人化的方式提供指導內容（這就是可靠的要素）。許多律師表示，他們當前的工作類型就是如此。這些律師會告訴你，他們所有的工作都需要專業以及可靠的處理方式。可惜客戶並不這麼想。最後，當競爭對手能夠用同樣可靠但價格較低的替代性資源來提供服務時，那些靠著腦子與雙手執行相同業務的律師將很快失去市場。

增能律師

未來我們還需要一種「增能律師」（the enhanced practitioner），這是指知識豐富、能力一流，但專業度並不是那麼高的律師。客戶不會要求他們提供客製化的服務，但在標準化與電腦科技的加持下，這些律師可以成爲我在第三章提到的進化過程的左右手。在未來，增能律師通常會擔任專業律師的法律助理，負責那些需要律師涉入但不需要昂貴專家處理的業務。只是我要再次強調，將來市場所需要的助理或律師，只限於那些法律經驗眞的爲市場所需要的人。

儘管長遠來看，大多數傳統律師面臨的限制要比過去多得多，我仍呼籲年輕的律師不要因此失去努力的動機或感到沮喪，因爲我相信屆時很可能會出現一大片新

法律知識工程師
法律科技人員
多方位的法律人才
法律程序分析師
法律專案管理者
法律資料科學家
研發人員
線上爭端解決者
法律管理顧問
法律風險管理者

圖 13-1　律師的新工作

機會與新職務，等著曾經受過法律訓練的人才去把握。我把這些新機會與新職務綜列在上表。

我相信一定還有其他未列在表格中的各種工作，上述這些工作顯然源於本書的論點與訴求。

法律知識工程師

當法律服務標準化與電腦化以後，市場會需要很多有能力的律師去整理巨量的複雜法律資料與程序，並將之標準化與電腦化。法律需要經過分析、過濾，轉化成標準執行步驟，然後在電腦系統中具體呈現。這一連串工作的成果，舉例來說，就是線上法律服務，或者是已經植入法律規則且適用範圍更廣的系統（參見第五章）。

在電腦系統上發展法律標準與程序、整理與呈現法律知識，都是法律研究與法律分析的工作，無法假手其他途徑。再說，這種工作對智力的要求通常要比傳統的法律工作還要高，主要是因爲它將創造出一套可以解決許多問題的系統，遠比找出單一案件的解決方法要費力許多。若你跟許多傳統律師一樣，以爲標準化與系統化的發展是可以交由資淺律師、專業支援型的人員，甚或系統分析師處理，那你就大錯特錯了。若一家現代的法律企業想要以其一流的標準化與系統化優勢在市場上競爭，那麼它就必須擁有一流的律師，參與建立標準化與系統化的工程。這些律師就是法律知識工程師。

法律科技人員

法律業務以及司法行政工作的推展，已經大量倚賴資訊科技以及網路。當眾人認爲沒有資訊科技支援的法律服務是不切實際或無法想像時，經驗豐富、能力卓越、可以在法律與科技這兩個世界架起溝通橋樑的人，就變得很重要。直到最近，法律科技的世界裡一直充斥著兩種人。第一種是主流科技人員，這些人輾轉走入了法律的環境，盡可能去瞭解律師、法院及客戶的需求。第二種則是有電腦狂熱的律師，其中有些人是電腦的業餘愛好者，有些人則是對資訊科技的世界抱持高度的興趣。平心而論，這兩組人馬都未受過法律科技以及系統工程與資訊科技管理的專業訓練。

當資訊科技絕大部分只用於支援客戶服務的外圍業務時，科技人員與電腦業餘愛好者的能力足堪應付。然而，我們現在需要的是一種有能力又具備專業資格的法律科技人員，協助引領法律專業徹底走入二十一世紀。單純是把科技問題解釋給律師聽，或是把法律問題說明給科技人員聽，這樣的轉譯者已不足以擔當重任。我們需要一批自給自足的法律科技人才，他們將爲現代的社會帶來深遠的影響——奠定法律服務的基礎，讓非法律人士透過這些法律服務的管道，也能行使他們的司法接近權。

多方位的法律人才

明日世界的律師若想繼續待在法律界，就需要多角化經營。若大家都接受傳統法律服務終將式微的說法，那麼我期望律師能擁有跨領域的知識，拓展自己的實力。現在已經有許多律師聲稱自己不但具有法律見識，而且，舉例來說，還兼具策略擬定、管理顧問、企業顧問、市場專家、交易員、組織心理學等等專門學識。然而，通常只要小小試探一番，就會發現這些律師聲稱的其他經驗不過是上了一堂簡短的課程，或曾經瀏覽過某本入門的教科書。一般來說，要在七十二小時內熟悉某個專業領域根本不可能，但部分律師對我的這個說法應該相當不以爲然。（大體上）律師都是非常聰明的人，無庸置疑地他們都有能力拓展自己的專業領域，成爲一流的多方位顧問。若商務律師想成爲策略顧問、企業律師渴望變成交易員、家庭律師希望兼任心理專家（我高度支持這種多角化的涉獵），那麼他們就必須自願接受全面性且嚴謹的訓練。未來，能夠稱爲多方位的法律人才者，必須經過嚴格的教育，專業知識不容置疑，而在他們提供服務給客戶時，這些專業絕對會爲他們增加相當的價值。

法律程序分析師

我在本書（特別是第四章）不斷提到把交易與糾紛案件拆解成基本的工作項目，然後透過眾多的服務提供者，選擇各項支援服務。然而，分析一件法律案件，將任務細分成有意義且可以處理的一份份工作，以及找出最適合每項工作的支援者，這件事本身就是一項需要高度法律見解和經驗的工作。這就是我稱爲「法律程序分析師」的工作。法律程序分析師通常受聘於組織或企業的法務部門，畢竟這些企業期待自家的律師會知道以什麼樣的方式處理法律問題，才是最有效率且效果最好的。或者，法律程序分析也可以由法律事務所、會計師事務所、法律程序業務外包商等其他第三方服務提供者來執行。當前的法律程序分析師非常稀少，但市場需求已經出現。大部分和我合作過的大型法律事務所以及企業的法務部門都很清楚，若有人可以爲他們的核心法律程序做出值得信賴、高明、嚴謹又正確的分析，他們一定會僱用這樣的人才。

法律專案管理者

一旦完成法律程序的分析，經過拆解並準備以多源支援方式處理的交易或糾紛案件並不會自行運轉。爲了確保各種法律支援能夠成功，法律市場上會需要我稱之爲「法律專案管理者」的角色。當法律程序分析列出了規格清單（拆解與尋找多源服務），接下來就是專案管理者的工作了，這些專業人員必須把工作分配給適當的服務提供者、確保他們如期且在預算內完成承接的業務、管控各部分業務的品質、監督各外包商的工作成果與時效，最後再把各部分的成品整合成一份完整的服務，呈現給客戶。這份工作在很多層面上與製造業的生產經理類似。

我認爲法律專案管理的訓練，應該建立在物流與供應鏈管理這類相關管理領域的理論與實務經驗上。法界無疑會發展出屬於自己的複雜工具與技術，譬如「法律供應鏈管理」以及「法律物流」等等，而這些也將是未來法律專案管理的核心課程。

法律資料科學家

隨著法律中的機器學習與預測分析愈來愈重要，相對來說便需要擅長這些工具與技巧的資料專家，他們懂得掌握、分析和運用大量的資訊。「法律資料科學家」知道如何從法律資料與非法律資料中找出相關性、發展趨勢、模式和可用的知識。他們會是跨領域的專家，不只熟悉相關的系統，也對法律和法律服務有所瞭解。有數學、程式和自然科學背景的人才將更具有利基點。

研發人員

我在第十七章將提到，我們所見證的法律世界的大轉變意味著，明日世界成功的法律服務提供者，就像今日的消費性電子產品和製藥產業，必須具有研發的能力才能保持市場的競爭力。設計和發展新的服務與解決方案將是二〇二〇年代與之後的法律市場的成功關鍵。律師向來明白自己必須與時俱進，跟上法條與實務的最新腳步。研發人員的重心則在於，發展新能力、新技巧、新科技，用本書提到的各種不同方式提供法律服務。研發的工作往往比日常執業更具有探索性。碰上死胡同或起步錯誤，不代表研發的功能失敗。事實上，沒有失敗就表示沒有冒險嘗試。這樣的研發人員與今日的律師將是全然不同的角色。

線上爭端解決者

隨著線上爭端解決成爲糾紛問題的普遍解決機制，這個領域的律師需求也會愈來愈高。這些專業律師除了要建議客戶如何善用線上爭端解決機制，也必須是電子領域中有關紛爭解決的專家。電子協商以及電子調解之類的服務，目前還處於萌芽階段，可是我相信假以時日，饒富想像力的律師不但將成爲這些系統的優秀使用者，還能夠設計出具獨創性的新技術讓客戶受惠。辯護律師不再需要出現在法庭、甚或虛擬審訊的現場，但他們需要建立一套新的技巧與方法，協助應用線上爭端解決機制的客戶，讓客戶知道與其獨自利用這些系統，專業協助會讓他們更具優勢。電子協商專家與電子仲裁者這類新工作也會出現，因爲線上爭端解決機制確實需要這些專業人員的介入與裁決。在這裡提到的市場需要的專業能力，已經遠遠超越了法律本身的專業範疇。

法律管理顧問

許多企業的法務部門面臨了眾多不同領域的管理挑戰，譬如制訂策略、建立團隊、發展專業知識及引進資訊科技等等。然而，大多數的法務長以及企業律師鮮少有管理方面的經驗，因此經常得尋求外部協助。現在，儘管有些法律事務所會提供各種管理領域的指導，但通常是以特別小組或被動回應的方式進行。另外一種較不常見的做法，是組織或企業聘請專業管理顧問。由於許多法律事務所在經營法律事業時，對於所內的業務管理已有相當的經驗，因此常常有人建議他們設立專職的顧問業務，爲組織或企業的法務部門提供建議。英國的法律事務所安叡（Eversheds）提供的就是這樣的服務，而且經營得相當成功。其他專業領域也有過這類成功的先例，譬如在全球四大會計師事務所裡，他們的顧問業務最初源於稽核業務，相對而言比較近期的稅務管理顧問工作，則是從傳統稅務部門裡發展出來的。

這類法律管理顧問的市場儘管仍處於開發階段，看起來卻有穩定發展的潛力，而且不只法律事務所會因此為傳統服務加值，這些工作本身就很有可能發展出一條專屬的服務領域。其中可能的專業服務包括策略顧問（提供諸如長期計畫、替代性支援、組織架構、企業各部門的價值鏈分析，以及法律需求評估等議題的建議）與營運或管理方面的顧問（譬如人員聘僱、法律事務所的選擇、顧問群管理、財務管控、內部溝通，以及文件管理等等）。

再者，有些法律管理顧問還可以提供法律程序分析的服務。我不認為律師可以憑直覺就提供客戶這些方面的服務。法律管理顧問一定會以特有的專業訓練呈現在眾人眼前。

法律風險管理者

對於明日世界的法律新工作，我的最後一個名單或許也是長久以來最缺乏又最迫切需求的人才。如本書第七章所述，大多數的企業法務長都認為自己的第一要務是法律風險管理。這項認知在我過去十年針對企業法務所進行的研究中，得到壓到性的支持。相較於解決法律問題，法務長，一如他們的董事上級，更希望避免法律問題的發生。他們比較喜歡在懸崖邊放上圍籬，而不是在崖底擺輛救護車。然而，令人費解的是，幾乎沒有幾家法律事務所因爲認知到這種需求，進而發展出一套高性能的程序、方法、技術或系統，協助客戶辨識、評估、確認、預防、監督及管控他們所面對的諸多風險。我預料這樣的情況將有所改變，而觸動改變的關鍵就在於專業的法律風險管理者。傳統的法律服務在本質上屬於被動的反應，我的意思是律師，不論任職於法律事務所或企業，他們大部分的時間都在回應客戶提出的問題，但法律風險管理的原則是先發制人（見第十二章有更多說明）。這些專業管理者的工作重點在於針對服務的對象，預測他們在法律問題的管理或掌握先機等方面的需求。這些專業人士負責的業務不是特定的交易或糾紛，而是隨時有萬全準備的評估、適法性的稽核，以及合約內容的分析。優秀的法律風險管理者，對風險管理的專業範疇有深入瞭解，具有策略顧問的技巧，而且也要懂得文件分析的技巧，好比說機器學習（見第五章）。這種工作並非法律專業的餘興表演。它將徹底改變客戶管理法律業務的方式。一旦時候到來，優秀的法律風險管理者將有資格擔任企業的風險管控長（chief risk officer）這種負責層面更廣的角色。

但書

上述這十種新工作，將為那些希望在法界工作數十年的雄心壯志者，提供一系列豐富又令人興奮的事業機會。我相信這些工作通常不是學生在進入法學院時心中所勾勒的未來藍圖。然而，不論如何，這些工作都是刺激智識、具有社會重要性的職業。我知道某些律師在聽到這些新工作時，常常會覺得這些職業的聲望和價值絕對比不上傳統的法律顧問（當工匠的工作被工業化取代後也會出現這樣的想法）。對於這樣的想法，我只能說，已經進入這些新領域的人，自認他們的工作很有價值，也很具有挑戰性。許多人覺得他們正以一種不同於一般但別具意義的方式，為完善的司法體系這個遠大的理想盡一份力。

只不過這樣的願景存在著但書。我有一些建言要給那些懷抱鴻鵠之志，渴望在上述某一種或數種新領域發揮所長的律師。第一，先具備傳統律師的資格仍是有意義的。這樣的資格或許不盡然必要，但我認為這是比較理想的做法，不僅因為律師仍有幾年的榮景可享，也因為接觸以及瞭解傳統的法律服務，可以為你打下寶貴的基礎，從而在這個基礎上建立起任何一種法律新事業。我並不是說法學院畢業生若沒有經過執業，就無法成爲一流的法律知識工程師或法律專案管理者。但我眞心認爲實際執業可以幫助有心從事新業務的律師累積法律經驗。

當然，新手律師也可以主動出擊。你們應該時時掌握可以幫助自己迎接未來的機會。我特別建議那些可以親身接觸客戶的業務、到各國歷練的工作，以及要密切注意法律事務所的科技發展。

談完未來的工作機會以後，現在回過頭來看看另一個問題。我知道二〇一六年的法學院畢業生要取得實習機會非常困難，而這個困境引出了下一個問題：不論你要當個傳統律師或從事新型態的法律業務，將來你的僱主會是誰？

第十四章

誰會聘僱年輕的律師？

市場上還有許多其他的法律企業可能有興趣延聘你為他們服務。
或者，如果你已經是位符合資格的律師，
正在探尋法律事務所以外的事業機會，
那麼令人興奮的新企業以及新選擇正紛紛地冒出頭。

懷疑論者或許會覺得我在前章所提出的法律工作過於異想天開，特別是他們根本無法想像如今的法律事務所或企業會對那些新工作有所需求。

然而，事實是這些工作已經在一些前瞻的公司或部門中被採納。如果你認為這些新工作隨時可以納入舊有的法律業務中，那就大錯特錯了。實際發展並非如此。很有可能許多新僱主會提出許多這類新工作的人才需求，而這些新僱主經營的法律業務與今日的法律業務非常不同。造成這種現象的原因是市場自由化（見第一章），以及人們愈來愈能夠接受許多法律業務不一定要由傳統律師進行。這並不是說法律事務所不能或不願意創造這些新工作，只是這些新業務通常會破壞既有的法律產業。相較之下，右邊表格所列出的企業要創造出前述那些新類型的工作就簡單多了，因為他們可以從頭開始計畫未來的法律服務策略。

全球性的會計師事務所

大多數充滿抱負的年輕律師應該都不會記得二〇〇〇年代大型會計師事務所大舉入侵法律市場的情況。其中野心最大的非安達信法律（Anderson Legal）莫屬。

全球性的會計師事務所
大型法律出版商
法律專業知識的提供者
法律程序業務外包商
商業區的一般零售業者
法律人才派遣公司
新型態的法律事務所
線上法律服務提供者
法律管理顧問公司
法律科技公司

圖14-1　未來的僱主

安達信法律是安達信會計師事務所（Arthur Andersen）[14]的法律網，而該會計師事務所是當時全球最大的會計師以及稅務處理機構之一。安達信法律曾在三十個國家設立營業據點，總聘僱的律師達兩千五百人。這樣的規模讓安達信法律成爲當時（以營業額計算）世界第九大的法律事務所。不論就規模還是商譽，在那個時候安達信都快速發展。它的品牌力強、多專業導向更是令客戶動心。這家法律事務所提供了一個充滿活力、令人振奮的工作環境，我認爲安達信那時已準備好要重新定義整個法律

14 譯按：一九一三年建立的安達信會計師事務所，曾是全球最大的會計師事務所，與現在的全球四大會計師事務所合稱全球五大，且為五大之首。二〇〇二年其美國事務所因安隆案而繳回執業執照，等同結束營業。

市場（這很可能是我的偏見，因為我曾擔任他們的顧問）。

讓人驚訝的是，安達信關門了。不過它的失敗並非源於策略或企業模式根本上的缺陷。這家法律事務所的消逝，是二〇〇一年美國巨人公司安隆（Enron）[15]倒閉造成的結果。安隆的瓦解對安達信法律的母公司安達信會計師事務所（擔任安隆的外部稽核，而安隆造假帳務）帶來可怕的衝擊。安達信的解散並沒有讓有關當局禁止會計師事務所繼續提供法律服務，但建立了一套新的法令規範會計師事務所提供其他專業服務給他們稽核的客戶。對其他想繼續提供法律服務的會計師事務所，安達信的案子具有明顯的嚇阻作用，尤其在美國，只不過會計師事務所提供法律服務一事，並沒有遭到全面性的禁止。

無論如何，我預計全球四大會計師事務所（勤業、安侯建業、資誠、安永）很快會再度回到法律市場。事實上，這些會計師事務所從未離開過法律市場，特別是在歐洲大陸，稅務相關的法律服務每年為他們帶來數億英鎊的進帳。雖然大家常說市場自由化是他們重返法律市場的催化劑或理由，但真正吸引這些會計師事務所從事法律服務的原因，一如本書所強調，其實是這個市場的龐大利潤及變動不居。他們看見大好的時機，他們相信自己已經做好了萬全的準備，隨時能夠協助客戶面對控制成本的挑戰。

會計師事務所重回法律市場的策略不明。有人認爲他們不會跟法律事務所在客製化的專業服務上直接短兵相接，比較可能成爲替代性法律服務的提供者，在諸如法律程序業務、法律風險管理、法律知識工程以及電腦化等方面攻城掠地。不論這些會計師事務所選擇從哪條路徑跨入競爭行列，這些傑出又擁有豐富資源的僱主，將提供寬廣的工作機會給明日世界的律師。舉例來說，資誠有三千五百位律師服務於全球九十個不同國家。

大型法律出版商

世界上最大的兩個法律出版事業，一是湯森路透集團（Thomson Reuters），一是里德．愛思唯爾集團（Reed Elsevier）。這兩大商業巨擘已經從傳統印刷出版

15 譯按：安隆成立於一九三〇年，前身為北部天然氣公司（Northern Natural Gas Company），一九八五年更名為安隆，是一家位於美國德州的能源產品公司。曾是世界上最大的電力、天然氣、通訊、紙漿與紙類公司。二〇〇一年因為大規模製造假財務資料而申請破產。

變身，發展成廣受歡迎的大規模法律資料庫（絕大部分爲法令與判例等類型的原始資料）。然而，這些年來這兩家集團繼續大伸觸角，明顯對法律科技、法律知識工程，以及線上法律服務等範疇野心勃勃。他們一方面招募大批律師與軟體工程師，一方面變身成爲值得信賴的法律專業服務供應商。他們同時看到了眾聲喧譁的法律世界的商機。這兩大集團具有商業野心，也擁有高超的科技，以及塑造新市場的經驗與能力。

這類企業無疑將成爲未來法學院畢業生的成長基地。我不認爲他們會提供傳統顧問性質的法律服務，但確實可以帶來本書提到的許多工作機會。湯森路透集團是個有趣的案例學習。爲了提供他們的知識和研究服務，他們雇用了比大型法律事務所還多的律師；他們有一家法律流程外包公司；近來他們買下一個智慧型文件處理的領導平台；他們也擁有爲數眾多的技術人員。從而他們可以提供許多不同的工作機會給明日世界的法律成員。

法律專業知識的提供者

另一派可能為年輕律師提供創新工作機會的族群，是法律專業知識的提供者。這些實業家比大型的法律出版商更靈活、更具企業家精神，其中以法律實務公司（Practical Law Company，簡稱 PLC）這家以英國為主的法律服務企業為代表。自一九九〇年代開始，法律實務公司就穩定成長，目前已聘僱超過兩百位律師，在英美各地都有他們的服務據點，二〇一三年被湯森路透集團買下（如前述）。儘管這家企業不再是獨立運作，但我預期會看到更多小型的知識提供者出現。我們甚至可以見到更多法律企業併購專業知識的提供者。

專業知識的提供者可以為法律事務所以及企業律師提供廣泛的服務，包括法律研究與資料更新、市場情報收集，以及提供標準文件與實務簡報、專業知識、檢核表與流程圖，外加一些傳統的法律圖書文庫服務。他們吸引市場之處在於接受其服務的法律事務所和企業不需要維持自己的資料庫、不需要做資訊收集及研究，也不用另外延聘專業律師。他們或許並未直接提供法律服務，而是參與本書第十二章簡述的許多工作。從策略面來看，他們非常有可能會發展至提供法律知識工程、法律流程分析，以及法律專案管理等更完整的服務範疇。

從另一個角度來說，我們可以把他們視為法律事務所以及企業律師所倚重的法律服務提供者，這些客戶勢必會把愈來愈多拆解出來的法律業務交給他們處理。然後，隨著拆解業務以及多源服務的普遍，這類法律專業知識提供者在商業運作上的成功及僱用員工的數量，也會扶搖直上。

法律程序業務外包商

在新興的法律服務提供者中，最顯著的或許是法律程序業務外包商，也就是承接訴訟文件檢閱以及基本合約草擬這類例行性及重複性工作的公司。一般來說，這類公司的本部都設立在人力成本較低廉的國家，其中最著名的例子就是印度。然而，法律程序業務外包商通常在客戶（法律事務所與企業的法務部門）所在的司法轄區，也擁有相當不錯的能力。

這些第三方的服務者都是胸懷抱負、深具企業家精神的公司，從新興產業開始成長茁壯，通常也不會對自己的服務範圍劃地自限。也因此，我們可以期待這些服務提供者會在更複雜的流程與系統支持下，承接愈來愈具有挑戰的業務。在市場自由化的前提下，有些業者甚至會提供以往只有法律事務所可以提供的服務。

這些服務提供者的成長即使不如某些興奮過頭的評論家所預測的快速，也是在穩定成長中。一如本書第八章所提，這種業務目前正處於法律市場演化的第二階段，我預計其將以現有的型態攀至高峰。然而，無庸置疑的，這些企業必定會因應市場狀況出現必要的演化。

對明日世界的律師而言，法律程序業務外包商是有趣又值得效力的僱主，特別是那些對法律知識工程、法律程序分析、法律專案管理，以及法規流程外包感興趣的人。

商業區的一般零售業者

對個人客戶（一般個人而非企業）而言，相較於諮詢傳統的法律事務所，從商業大街的銀行裡獲得法律服務可能更方便，也不會那麼讓人卻步。然而，更重要的是，隨著銀行以及其他位於商業區的企業跨足進入法律市場，例行性法律業務，特別是量大價值低的工作，勢必走入標準化與電腦化。這些一般的零售業者將成爲傳統法律事務所的直接競爭對手，對小型事務所的衝擊尤其大，這些小事務所屆時應該會以更個人化，也因此更切合客戶需求的訴求來反擊。但最終，在經濟低迷的時候，我預計小型的法律事務所將在價格戰上敗北。

許多律師都直覺認爲這些新的競爭者將減少大家對於律師的需求，然而，現實是銀行提供的法律服務其實需要深入發展，而且提供服務的人通常還是需要具備相當豐富的法律經驗。就算這些替代性商業結構可以由非法律人士擔任管理者，但他們還是需要聘僱資歷深淺不一的律師。因此在這個領域，一如其他領域，我們不應該以爲大家都不再需要律師了，只不過未來的律師很可能會由非常不一樣的企業所聘僱。這些企業可能是像銀行、抵押貸款協會、超市等這些知名的商業品牌，也可能是保險公司、財務顧問公司或在地的會計師事務所。

法律人才派遣公司

另外一種快速興起的律師之家，是法律人才派遣公司，其中又以 Axiom 最爲著名。Axiom 是一家國際性企業，從美國發跡，爲那些不想在傳統法律事務所或企業工作的律師提供不同的執業途徑。對於因爲家有稚子這類因素而希望彈性工作的律師而言，Axiom 提供了解決之道。這家公司已經建立起龐大的兼職律師人才庫，人才庫裡的律師隨時準備以簽約或專案的形式爲僱主效力。站在客戶的角度，這種服務的吸引之處在於 Axiom 的律師可以被編制到組織內滿足迫切的需求，但價格常常只有傳統法律事務所的一半。

目前有幾家法律事務所在傳統的法律業務之外，也設立了類似的服務（見第四章）。儘管以較低價格提供律師派遣服務看來似乎侵蝕了自家事務所的傳統業務，可是一如我對同業相殘的一貫看法：如果相殘是必然的結果，那麼你就應該搶下第一塊血肉。因此，具有企業家精神的法律事務所會把握機會，讓律師的專業經驗以創新的方式被利用。對於希望擁有彈性生活的律師來說，這類的法律人才派遣公司將變成他們重要的合作對象。

新型態的法律事務所

在變動的時代裡，新型態的法律事務所紛紛冒出頭。這些法律企業的所有者，例如河景法律事務所（Riverview Law）等，都已揚棄了舊有的業務型態，重新開展屬於他們的法律服務。

這些法律事務所並不打算複製金字塔式的獲利結構，也不再採以時計費，抑或在昂貴的市區辦公大樓裡工作。相反的，他們利用各種手段，例如把事務所的經常性開支壓得非常低、鼓勵律師在家工作、採用具有彈性的各種外包模式、創新資訊科技以及知識管理、外包後勤支援功能、僱用法律助理等等，減少客戶支出的費用，但依然維持事務所的獲利水準。這些新型態的法律事務所也許無法爲合夥人帶來傳統的事業前途，也無法像年輕律師所嚮往的世界頂尖法律事務所那般財源滾滾，不過他們能夠提供充滿創意、生氣勃勃，以及極具企業家精神的環境，讓許多年輕律師在其中成長茁壯。對於法律服務應該如何革新很有自己想法的年經律師，可以在這類型的法律事務所裡找到契機。不僅如此，這些新型態的事務所很可能接受不同的創新方式，提供不同於以往的實習合約。

與新型態的法律事務所溝通和與傳統法律事務所互動是很不一樣的經驗。新型態的事務所不像以往的法律服務提供者那麼保守，他們會更有彈性，我期盼他們對所有不論是年紀或心態上屬於年輕一族的律師所提出的想法，也能表現出更多的尊重。

線上法律服務提供者

渴望在法律知識工程師這塊事業領域追求卓越的年輕律師，線上法律服務提供者很可能會是他們發展的最佳基地。不論是線上建議、線上文件製作或線上爭端解決機制，客戶不需要與律師面對面諮詢，就可以獲得法律分析服務、法律套裝化服務、深入的法律專業意見等等。但是這些系統與服務的發展需要豐厚的法律專業，未來許多法學院畢業生以及年輕的律師，都可以在這些企業中找到工作。

目前線上法律服務仍處於萌芽初期，但在一個以網際網路為連結核心的世界裡，若說線上法律服務影響有限，實在令人難以想像。這個領域裡的事業機會多樣性極高，舉例來說，從大規模的企業希望改變複雜交易案中法律文件的產出方式，到慈善組織努力想要增進一般人司法接近權的做法，都不出這個領域。

法律管理顧問公司

某些傳統的顧問公司以及法律諮詢企業，也可以爲明日世界的律師提供就業機會。將來這些企業投入的範圍，舉例來說，將有法律程序分析、法律專案管理、法律風險管理，以及組織內部常續性法律功能管理與維護的最佳方式等等。這些領域乍看之下也許不像大多數野心勃勃的年輕律師所想像的願景，然而它們都將是法律市場的支柱以及客戶利益所繫的關鍵。

特別是法律程序分析師與法律專案管理者的需求將非常龐大，因此研習過這些領域課程以及累積了執業經驗的年輕律師，將發現自己的求職機會遠高於那些只對法規內容有深厚認識的律師。

提到管理顧問，律師常常語帶輕蔑。的確，許多自稱專業顧問的人，其實能力、經驗遠不及他們說的那麼優秀。然而，世界上也有非常令人敬重及信賴的管理顧問組織，他們擁有的方法與技術，我敢大膽地說，在未來將是許多成功法律企業擁抱的對象。

法律科技公司

如果在一九八〇年代中期我完成探討法律與人工智慧的博士論文時就有法律科技公司存在，我肯定會毫不猶豫地向他們自我舉薦。當前全球大約有一千兩百家法律科技新創公司。顯然大多數應該都難以爲繼，但仍有一些十分成熟的獨立法律科技產業，像是Modria在線購物糾紛處理平台、Neota Logic法律科技企業、Kira法律科技公司，他們打造出許多振奮人心的新產品與服務。這些就是將突破傳統法律市場的商業模式。若說他們對法律市場的影響就像Amazon對傳統書市造成的衝擊，或許還言之過早，但如果你身爲具有創新精神的年輕律師，這樣的法律科技公司將會讓你覺得賓至如歸。

踏入法律界的第一份工作

若目前的趨勢持續發展下去，年輕律師要在傳統的法律事務所找到一份實習訓練或工作的機會將會愈來愈困難。如前章所提，若你剛從法學院畢業，我仍然建議（在未來的五或十年，我都會繼續這樣建議）你試著在法律事務所或企業的法務部門找份工作，這樣你才能完成自己的專業訓練，成爲一位合格的律師。然而，如果你找不到這樣的機會，接下來是我要傳達給各位的重要觀念，同時也希望能提供大家正面的鼓勵：市場上還有許多其他的法律企業，就像我在本章所介紹的各種領域，他們可能有興趣延聘你爲他們服務。或者，如果你已經是一位符合資格的律師，正在探尋法律事務所以外的事業可能，那麼令人興奮的新企業以及新選擇正紛紛地冒出頭。

第十五章

培訓律師的目的何在？

法學院教育與專業訓練兩者相較，
我們的重點一面倒地放在前者，
專業訓練只得到微乎其微的注意……
我的恐懼就是我們仍在訓練年輕人成為二十世紀的律師，
而非二十一世紀的律師。

全球各地的法學院目前都飽受批評，因爲他們招收的學生超過法律市場所能容納的就業量。舉例來說，布萊恩．塔瑪納哈（Brian Tamanaha）教授在他的著作《失敗的法學院》（*Failing Law Schools*）中指出，在美國，政府的統計數據顯示，截至二〇一八年止，每年市場上需要的律師新血約爲兩萬五千名，但法學院每年製造出四萬五千名畢業生。這樣的數字隨時間改變，但法學院畢業生過剩已是一般趨勢，不論在美國或其他先進的司法管轄區。

學生負擔龐大的就學貸款完成法學院教育，因此他們的憤怒是可以理解的。幾年前甚至有人一狀告上法院，與法學院對簿公堂，要求學校退回他們的學雜費並賠償損失，他們辯稱法學教育正在進行一項詐欺行爲，將陷整個世代的法學院學生於悲慘的財務困境。然而，今日的學生無法再提出這樣的主張，因爲這個議題已經被廣泛討論，選擇進入法學院的學生應該都知道這種現況。

儘管如此，我還是對一位美國頂尖法學院的學生深感同情，二〇一六年我前往他們的課堂上談論法律服務的未來，演說結束後他趨前告訴我：「我背了大約五十萬美金的學生貸款，而你現在告訴我法學院沒有教會我對的東西。」這就是本章所要探討的重點：這些法學教育體系實際教授的課程是否適當。我所要表達的關切，在於法學院是否盡責地讓學生做足了準備，迎接明日的法律市場。

英國與威爾斯三十年來最完整的評估計畫「法律教育以及訓練評論」（Legal Education and Training Review）[16]在二〇一三年的報告中，亦未能說明法律產業可能需要的教育與訓練。相反的，在我看來，它提供了詳盡的模式美化昨日世界的律師所受的訓練。（我也是該報告的顧問群之一，但無法以本章的內容說服主要的計畫研究者。）

一些想法與憂慮

本書並未提供教育理論與法律的詳細分析與評估，然而有些想法與憂慮可以強調我對當前以及未來律師訓練的看法，所以我想最好能在這裡向各位解釋一下。

首先，我認為法律本身就是一門值得不斷學習和研究的學問。當然，在英國的

16 譯按：英國的律師監管局（Solicitors Regulation authority）、律師標準委員會（Bar Standards board），以及法務主管專業標準局（Institute of Legal Executives Professinal Standards）合作的一個計畫，主要是針對英格蘭與威爾斯地區提供法律教育與訓練的內容進行評估。

大學中修習法律，舉例來說，跟在美國修習法律不太一樣，因爲前者通常把法律當成大學的科系，而後者一般來說則是把法律當成研究所的學習。也因此，美國學生在學習法律時，大多已經決定要把法律專業當作事業來經營。

學生在大學階段修習法律是一種深刻的智識刺激——法律其實是人類最複雜、最了不起的概念之一，也是一種知識的理解系統，爲人類的秩序與行爲提供了一個架構。研究法律的實質規定，本身就是個非常有趣的學問，而沉浸在法理學（廣而言之，就是法律的哲學）以及民法（羅馬法）中，更讓人在追求學問的這條路上獲致極大的滿足。我說法律研究可以當成一門高深的學問追求，不表示法學院學生只能專注於理論研究，也不是說法學院的課程內容無法讓學生接觸到實務，無法對法律執業有深刻的認知，也因此無法獲得執業的技巧。

我的第二個想法是，取得法律學位期間所接受的訓練，可以提供學生更有用的技術以及經驗，不論這些學生將來是否要在法界發展。一般來說，當學生要追求更廣泛的訓練以利將來在商界謀職時，很多人都會朝會計學的方向發展。然而，法律訓練也是極有價值的一種教育——不僅因爲法學院的畢業生可以理解大部分的法條與規定，也因爲這些畢業生學識上的嚴謹、分析能力的有條不紊、語言表達的精準、批判式思考的運用、研究的能力，以及公開演說時的自信，這些全都是一個優秀的法學位所應該建立與提供的才能。

第三，我擔心的是，相較於其他許多令人尊敬的專業，對法學教育而言，不論在大學階段抑或取得證照的專業考試階段，要求都比較低。我比較的是醫學、建築、獸醫學，以及一般需要較長、較辛苦學習過程的科目。我並不是說在大學研習法律以及參加專業考試是個輕鬆的選擇，但要當個合格的律師，需要的時間的確比其他專業更短，而且取得律師資格也確實要比進入其他許多了不起的專業世界簡單一些。

我最後要提的是，法學教育與實際執業兩個支線的接合不足。舉個例子來說，我對倫敦的各家教學醫院是又羨慕又嫉妒，只不過羨慕較多，嫉妒較少。在那些教學醫院的體制中，大家同在一個屋簷下，醫學教授通常要治療病人、訓練年輕的醫生，還要進行研究。歐洲大陸的大學法律系教授同時也在法界執業。然而，英國以及大部分的美加地區，法律執業者與法律學者各自在不同的領域貢獻。在某些司法轄區，這兩派法律專業人士還抱持相輕的不健康態度：執業律師認爲法律學者全都是象牙塔裡的理論派，而法律學者則把法律執業當成一門生意，而非嚴肅、具有實質意義的法律產業。

簡言之，若你有意習法，我可以向你保證，假如法學院的課程教授得宜，那麼你會得到一個刺激學習的經驗，而這個經驗將讓你一輩子受用。但是不管怎麼說，大家確實都可以批評法學院並沒有提供年輕學子足夠的準備，讓他們有能力面對法律世界，而這麼批評的人通常都是執業律師。

我們希望年輕律師完成訓練後成爲什麼樣的人？

截至目前爲止，我對法學院的批評尚未觸及一個更基本的憂慮。的確，許多執業律師質疑法學院畢業生並未準備好在法律事務所工作。然而，若畢業生連進入目前的法律市場都尚未有充足的準備，那麼面對未來十年或二十年的法律世界，他們就更力有未逮了。

因此我們必須要問：我們訓練這麼多的年輕律師，是要他們成就什麼？這是本書最根本的問題之一。我們教育這些擁有鴻鵠之志的年輕律師，是希望他們專精於個別法規，成爲一對一、單打獨鬥、提供客製化服務、面對面式、按時計價的傳統諮詢顧問？或者，我們是在培訓下一個世代的律師，希望他們更具彈性、更有團隊精神、兼顧多方的專業，能夠跨出法律專業的屏障，用會議室中大家聽得懂的說法表達專業看法，並有足夠的動力去吸收現代管理與資訊科技的知識？我的擔心是，法學院教育與專業訓練兩者相較，我們的重點一面倒地放在前者，專業訓練只得到微乎其微的注意。更令人擔憂的是，許多法學教育者與法令制訂者甚至不知道還有其他的選擇。簡單地說，我的恐懼就是我們仍在訓練年輕人成爲二十世紀的律師，而非二十一世紀的律師。

再從另一個角度來看這個問題：我們現在訓練律師的重點，全放在培育新一代的專家顧問以及加強執業律師的能力，卻忽略了法律知識工程師、法律科技人員、法律程序分析師、法律專案管理者、法律風險管理者，以及其他各種律師可能擁有的未來事業。

確保年輕的律師具備足夠的實力，成爲一流的法律顧問及企業律師，這件事當然至關重要。然而，若法學院依舊課程內容不變，若法界不放寬訓練的範圍，把其他新的角色納入訓練，我們就是在漠視未來的學子與客戶的權利與需求。

許多法學院的課程內容與一九七〇年代無異，傳授課業的教授對於改變中的法律市場既無深刻瞭解，也無興趣。法學院對於如全球化、商業化、資訊科技、現代企業管理、風險評估、流程拆解，以及替代性資源這類議題的關注常常貧乏至極。因此，我再度強調，如果英國的許多法學院畢業生連今日的法律業務都力有未逮，那麼在面對明日的世界時，只會更加捉襟見肘。

我們是否應該拓展法學院與大學法律科系的授課範疇，把諸如風險控管、專案管理以及法律知識管理等學科也納入課程中呢？在忙碌的法學院中，是否還有空間排入未來？

「未來」在法學教育中的定位

我完全不認為我們應該揚棄合約法、憲法、侵權法等核心法律學科，更無心鼓吹我們不需要培養學生認識法律的方法——也就是如何像個律師般思考、如何針對一堆複雜的事實進行整理與組織、如何論述（演繹、歸納或類推）、如何解釋法令和判例等等。但我們必須要想一想，在訓練年輕律師時，我們如何讓他們更有自信地面對未來幾十年的法律市場。

就我所指出的幾項新領域來說，或許有人會說學生應該受訓的時間和地點不是在法學院，而是在畢業後的實習課程中，譬如英國與威爾斯的法律執業課程以及律師專業訓練課程等等。或許還有人會主張說，學生應該在實習期間，或履行某種定期服務契約或學徒契約期間，針對這些法律的新興領域進行密集訓練。

顯然法學院不能忽視未來的法律實務。事實上，就我的觀點，若未能做到將是他們的失職。對線上法庭和檔案文件自動化的趨勢視而不見，能有什麼託辭？

總的來說，首先，我建議至少應該提供在校的法學院學生（在他們接受教育的每一個階段）一些選擇，讓他們有機會瞭解當前以及未來法律市場的趨勢；第二，學生可以修習二十一世紀的重要法律技術，以支援他們未來的法律工作。我不認爲這些課程是在給法學院找麻煩；法學院的學生可以合理要求他們支付學費的學校，提供充足以及適切的教育。法律專業本身需要拓展傳統服務以外的範疇，延伸至法律風險管理以及法律專案管理的領域，這一點早已有如山的鐵證可證明。我的主張其實很簡單：在提供法學教育的每一個階段，給予學生選擇與機會，讓他們知道他們即將面對的未來，也讓他們能夠得到這些新技術、新學科的訓練。

在傳授這些選修學科的過程中，若能有執業律師的參與最好，因爲他們一方面可以讓學生對市場的演進有更深的瞭解，一方面也可以鼓勵學院派與實務派的交流。我猜這些課程應該會很受歡迎。

另外，我對世界各地的法學教授還有幾個迫切的請求：留心法律市場的未來、研究（也許是社會法律相關課題）法律專業的趨勢、讓學生接觸可能的未來，以及拒絕（套用加拿大一位法學院院長的話）站在「傳統的尖端」。追隨創新領導的學校，例如邁阿密大學法學院的「無壁壘法律」（Law Without Walls）就是一項針對法律課程的教授以及法律執業方式的國際性計畫，令人相當興奮；密西根州立大學法學院的「二十一世紀法律實務暑假課程」（21st Century Law Practice Summer Program）爲學生介紹了法律服務的未來；哈佛法學院的「法律專業課程」（Program of the Legal Profession）是一個融合了研究、教學及實務的合作計畫，令人佩服；喬治城大學法學院舉辦「鐵技律師邀請賽」（Iron Tech Lawyer competition）；芝加哥肯特法學院設立的「接近司法與科技中心」（Center for Access to Justice and Technology）提供十週的暑期實習；史丹佛大學有兩項創新，包括法律專業中心與CODEX 法律訊息中心，提供法律資訊學給專業人士。

我必須語重心長地說，英格蘭尚未有任何法學院設立研究中心，致力於法律科技或未來的法律服務。英國法學院對於法律執業的一般概念往往跟不上實務面對於未來法律服務的認知。長此以往，他們的改變步調恐怕會像冰河移動速度一樣緩慢。我認爲解方在於，法律事務所和企業的法務部門應該與法學院更密切合作。

英格蘭的一道希望之光是最新的法學院 A Level 改革計畫，內容包括強調法律服務的改變與趨勢的課程、科技與全球化的影響，以及線上法庭與線上爭端解決機制。

最後，隨著這一章的思考方向探索下去，我們找到看待一個老問題的新角度：「如果我想要成爲一名律師，我是否應該取得法律學位？」對於這個問題，我沒有絕對的答案，但我知道，由於未來的法律服務一定會納入愈來愈多的其他領域，因此對於大學修習法律期間是否應該同時學習諸如管理、資訊以及系統分析等其他學問，現在的探討要比過往更爲熱烈。

第十六章

取代老式職訓局的做法

我們不應該把訓練與剝削混為一談。
要求年輕律師大量承辦例行性的法律業務，
並且說這是他們學習工作技巧的方法，
其實是很奸詐的手段。

每次在演講時我總會問大家，有什麼方式可以讓年輕律師學習到未來他們會需要的技術。我擔心的是，若根據我的假設，以往由年輕律師承辦的大量例行性與重複性業務，很快將轉由法律程序業務外包商、法律助理、電腦化或其他種種不同的管道處理。若這些以往屬於年輕律師初始學習的基本法律業務轉給其他承辦單位，那麼年經律師要怎麼踏出一開始的幾步路，朝專業人士邁進？

訓練的問題

對於擁護替代性法律服務的人來說，這是一個重要但不至於致命的挑戰。況且這個問題也不會得到客戶太多的同情。本質上，我們面對的是訓練的問題——法律服務的替代來源會讓法律事務所重新檢視他們訓練律師的方式，而大多數的客戶，若有機會選擇，必然會選擇一個仔細檢驗過內部訓練計畫且價格較低的法律事務所，而不是一家執著於過去訓練方式又價格昂貴的法律事務所。

換句話說，這個問題的根本在於許多法律事務所因爲所謂的「人才大戰」，而以高薪吸引優秀的法學院畢業生。然而，不論新兵的能力有多好，或年輕律師的志向有多高，他們在法律事務所前兩年的價值，大多是看他們的潛力，而非他們實際能為客戶提供的服務。約莫二〇〇六年前，大家心知肚明但未曾說出口的事實是，大多數客戶都付錢幫法律事務所訓練他們旗下的年輕律師。客戶必須支付相當高的費用負擔這些新手承辦的業務，即使大部分的工作都是例行性業務，而且執行者還是在邊做邊學的階段。就算這些新人學得很快，但他們的經驗與專業均不足，客戶被要求支付的費用實在不合理。相較之下，在今天這種經濟嚴峻的時期，當客戶要求以更低廉的成本取得更多的法律服務之際，當然不會繼續容忍這種以時間計費，卻讓初出茅廬的律師利用承辦案件的機會學習職業技能的情形。

幾年前，思及這些議題時，我決定訪問一些菜鳥律師，弄清楚他們在這個難題中的立場。我跟幾位年輕律師談過，他們有的正在審閱數不清的文件、有的正準備訴訟的案子，還有人為了大型交易案正在進行實地考察。我問到若他們手上的工作全都外包，舉例來說，外包到印度，他們要如何學習相關的執業技巧。這幾位律師不約而同回答，不需要數個月，只要幾個小時，他們就可以在成堆的文件中學會提綱挈領的本事。若把重點以較煽動的方式來表達，那就是我們不應該把訓練與剝削混為一談。要求年輕律師大量承辦例行性的法律業務，並且說這是他們學習工作技巧的方法，其實是很奸詐的手段。實際上，這種工作方式一直都是維繫金字塔式獲利架構的主要方式，而這種獲利結構又是法律事務所長久以來的成功所在，直到最近情況才有所改變。

不論如何，雄心萬丈的年輕律師花上數個月的時間處理大量的行政工作，這樣的學習路徑是否眞的有效，答案並不清楚。但是有更多的證據顯示，年輕律師若能跟著法律專家一起工作，或觀察法律專家的執業技巧，確實可以學習到更多工作上的訣竅。

不過我還是得承認，某些可以透過替代性法律服務完成的工作，的確是有用的訓練，只不過若客戶發現付錢訓練法律事務所菜鳥的苦主是自己時，該如何面對不悅的客戶也是個問題。儘管會造成許多法律事務所的爲難，但很可能的發展是，除非法律新兵以及年輕律師眞的可以爲客戶帶來價値，否則他們再也無法向客戶收取訓練費用。這個發展無疑將直接減少那些依賴金字塔結構的法律事務所的獲利。至於年輕的律師，則可能會面臨兩種後果。第一，除了少數極優秀的人才，年輕律師初入法律事務所那幾年的薪水可能會比過去低。第二，法律事務所僱用年輕律師的數量可能會愈來愈少。這不見得代表年輕的律師將來全都會找不到工作，因爲屆時還會有其他新的工作機會、新的老闆在等待他們（見本書第十三、十四章）。只不過對法學院畢業生而言，這種情況看起來的確是個威脅。

重新思考法律訓練

除了處理例行性的法律業務，實習律師還有什麼選擇？

若法律事務所眞的有心致力於新生訓練，我建議他們將訓練奠基於三塊基石。第一塊基石是修改版的學徒制度。年輕律師一旦取得律師執照，不論根據研究或經驗，我建議他們要與身經百戰的律師並肩合作，這是一種有效且饒具刺激的學習方式，可以讓新手把書本上的法條轉化成實際運作的法律。如果年輕律師能與經驗豐富的執業律師共用一間辦公室，或如大型會計師事務所那種效果良好的安排方式，讓年輕律師與老鳥律師共同在沒有隔間的辦公區一起工作，新手就有機會直接觀察並學習與客戶溝通以及服務客戶的有效方式。倘若這些新手律師的大部分時間都只是跟其他的年輕律師以及數不清的文件相處，便無法目睹到最好的法律服務方式，遑論汲取這些知識了。

即使大部分的法律服務都已經外包給法律事務所以外的機構，但第二塊基石是，年輕律師或許仍然可以平行地承辦部分業務。此舉不但可以讓年輕律師學會其中的工作技能，也可以當成控制外部工作成果的一種手段。不同的是，相較於過去，法律事務所必須自行負擔年輕律師的工作成本。

最後，年輕律師應該藉由現有以及新興的電子學習科技自修成長，這些以先進方式呈現的科技，可以成爲非常有效的學習工具。電子學習包括了線上演講、線上模擬法律服務，以及虛擬法律學習環境等等。法律科技除了用於辦公室的自動化及客戶服務，還可以跨入教育及訓練年輕律師的領域。

電子化學習與模擬法律服務

當前大多數資深律師與法官的法學教育，都是在個人電腦問世前完成的。課堂授課、導師指導，以及在灰塵滿佈的法律圖書館裡待上無數個小時，便是他們的日常活動。另外，還要把許多時間花在背誦那些長到天邊的案件名稱、法條，外加這些法案以及條文的重點摘要。在未來，法學院以及提供實務經驗或相關課程的學院，當然不能毫無檢視就沿襲這樣的做法。

拿傳統一個小時的課堂授課為例。考量成本以及實際授課的狀況，各界對於是否要因為少數優秀講者符合大家的期望，提供了一場精彩的社會或教育經驗傳授，就因此主張必須保留教室授課的傳統，現在出現了許多不同的論點。在英國，大部分傳統法律課堂上的眞實情況是——授課者通常不是才高八斗（甚或受過訓練的）的演說者。有些教授在課堂上喃喃嘀咕，有些教授則根本就是照本宣科，只有寥寥可數的老師令人精神振奮。難怪學生的出席人數這麼低。這樣的現象，放眼全國無數的法學院皆然。這類的授課方式既浪費時間又缺乏意義，實在沒道理不能以網路演講取代這些語焉不詳或只會唸課文的教授。線上講堂可以邀請深具啓發性的優秀講者，再以網路播放的方法傳遞。所有曾經看過TED（http://www.ted.com）的人都知道線上演講能夠多麼令人震撼。這樣一來，品質較差的現場授課便可以由各地學生參與辯論的即時網路研討會所取代。

二〇〇九年，我受邀在英國法律學院（the College of Law，現在的 University of Law）進行電子學習的五年檢核。我發現電子導師以及線上個別指導改變了法學院學生對於法律實務課程的學習經驗。在那五年間，建置了四百多個「網路導師課程」（i-tutorial），由法律專家透過網路講課，並附上投影片內容。學生們認爲這些迷你型態的授課非常方便，他們可以隨時透過手機或筆記電腦閱讀這些課程。學校更進一步發展出虛擬情境的一對一指導，不再需要實際的面對面。這樣的發展形成了我所謂的「電子牛津劍橋」（electronic Oxbridge）——許多傳統導師體系的優勢，不但因此得以保存（如壓力、鼓勵和專注力），需要的人還可以透過一種實用且負擔得起的方式取得。

線上授課、網路導師以及虛擬個別指導不過是未來法學教育的一環。如保羅・瑪哈格（Paul Maharg）的闢疆工作，讓我們脫離了線上教育的第一代，進入以模擬爲主的訓練以及業務學習，這些在他的著作《變形中的法學教育》（*Transforming Legal Education*）中都有描述。瑪哈格在史崔克萊大學（Strathclyde University）研究所的法律實務課程中率先使用這些科技。他爲課程設計了一個虛擬的城鎮「阿德卡洛赫」（Ardcalloch），讓法學院的學生在阿德卡洛赫裡的虛擬法律事務所中扮演律師。這個設計有點類似法律版的**第二人生**（Second Life）[17]，學生在阿德卡洛赫中提供法律服務（模擬實際法律執業與爭端案件），而經驗豐富的律師則在這個虛擬的環境中扮演客戶以及法官。在這個網路環境中，所有設備應有盡有：虛擬辦公室、各種機構、專業網路，以及可以提供資訊的文件資料庫，收集的內容包括報紙、剪報、照片、遺囑、用戶資料以及廣告等等。我完全相信進入這個模擬工作環境中的學生，在實際執業律師的參與和支持下，可以擁有更深入以及更難忘的學習經驗，而且效果絕對遠遠超過出席人數稀少的教室授課或沒有任何參與感的導師時間。

這些電子學習的技術效果只會愈來愈好——模擬訴訟、文件草擬、客戶會議、談判磋商、資料審閱、實地考察，以及愈來愈多的項目，都可以在網上加以利用。從訓練年輕律師的角度來看，這些技術的效果將超越要求他們檢視一堆沒完沒了的文件，或背誦法條和判例。至於年輕的律師，他們自會找出一些好方式，彌補替代性法律服務的不足。

17 譯按：「第二人生」是林登研究室（Linden Lab）創立的網上虛擬世界，這個世界裡的居民可以藉由圖像（avartar）彼此互動，並進行各種社會活動，如交易。第二人生裡的貨幣稱為林登幣（Linden Dollar）。許多人將這個虛擬世界視為網路遊戲。

第十七章

該問僱主的問題

你可以試著從未來可能的僱主那兒感覺到，
如果他們有機會揮動魔杖，
應付迫在眉睫的壓力，
或者如果他們可以從頭開始建立他們的事業，
事情會有怎樣的不同。

在本章中，我將從不同的角度切入。如果你是一位雄心勃勃的年輕律師，正在找尋新工作，我想在這裡協助你準備幾個問題，以防在一場讓人精疲力盡的面試尾聲，碰上同樣一個無可避免問題：「你有沒有什麼問題想問我們？」即使你不太確定是否想爲眼前這家法律事務所許下長期的承諾，我也建議你提出這些問題。要注意的是，法律事務所的負責人邀請我擔任他們的顧問時，我問他們的問題跟我提供給你們的這些問題，相似度極高。這些問題可以幫助你判斷一家公司對於未來的看法，以及對於改變的興趣。

提出這些問題時，我還要附帶一個對大家都有幫助的提醒。固然在工作面試時表現出積極投入、精闢見解及興趣盎然是很好，不過我並不建議你在同一個場合丟出所有這些問題。通常在面試時表現得過度具侵略性不是件好事。我還發現，由於市場競爭實在太白熱化了，許多讀者只求確保一份工作，隨便什麼工作都好，也因此這些問題似乎顯得有點枝微末節。但無論如何，具備敏銳的觀察力是好事，當明日世界的律師在思考難題時，這樣的能力應該有所幫助。

貴企業有長期的策略嗎？

這個簡單的問題可以引發各種不同的反應，從緊張的傻笑到輕蔑的低聲埋怨都有。法律事務所的負責人通常的回應是說他們並沒有正式寫下什麼策略，但是所有合夥人都知道他們的策略是什麼。一無例外的，這全都是胡扯。這類的法律事務所中，大多數的合夥人私下承認他們對於事業策略根本一點譜都沒有。這些人並不是在僞裝或諜對諜。策略本身其實並沒有那麼重要，然而缺乏策略通常代表事務所缺乏策略思考的能力。

有些負責人會說身處當前的經濟情勢中，必須把焦點放在短期的目標，碰上這種人你千萬要小心。好的領導者永遠都是一隻眼睛盯著當前，一隻眼睛放在組織長期的策略健全上。若某位資深合夥人的腦子裡只有「唾手可得的果實」，或採取「搶了就跑」的心態，你就該好好想想了，因爲快速崩壞很可能緊跟在短視之後。

另外一種完全不同的回應，是端出一本三百頁的策略報告。這種報告通常都是由外部的管理顧問公司代爲操刀。可惜這種報告本身就是一個麻煩——法律事務所的策略方針，一份決定事務所未來的文件，是非常重要的工作，就是因爲太重要了，所以根本不該假手他人。再者，一家法律企業的策略不應該用高達幾百頁的文字去說明。

話說回來，事務所也不太可能把一整份應該以「極機密」等級好好守護的策略文件交給你。或許你會拿到一份精簡的摘要。這時候你就應該在這份摘要中尋找這家法律事務所曾經思考過的產業環境改變，特別是法律市場的變化。在這份法律事務所的野心宣言中，你應該可以感受到，譬如說，五年後這家事務所期待立足的位置，以及他們必須做出什麼樣的改變來達成那個目標。這份長期策略還應該闡明事務所想要攻下的市場，以及該如何在市場上與其他對手競爭。除此之外，你還可以透過相關的蛛絲馬跡，找出這家事務所的核心價值爲何、他們希望形成什麼樣的文化。整體上，這份文件必須要讓你覺得很務實。你要在這份文件尋找的，是相對來說少數幾個需要優先考量的重要議題，而不是一長串零碎的提案。

若這樣的策略文件不存在，那麼這家法律事務所就不是一家準備好迎接未來的企業，也就不會是一家能爲明日世界的律師提供穩固基地的企業。

到了二〇三六年，法律服務會是什麼樣子？

前一個問題問的可能是未來五到十年的企業眼光，這個問題則是關於法律服務可能面對的變化，而且看向大概二十年後的未來。我曾說過一九八〇年代初我在法學院和朋友及教授討論未來時，那個時候大家似乎都同意未來的二十五年，絕大部分的律師工作應該不會出現太大的變化。結果，我們都猜對了，因爲那時沒有錢少事多、市場自由化或科技進展這類明顯又迫切的改變動力。

特別是資訊科技，雖然ＩＢＭ在我法學院最後一年時就推出個人電腦，但當時我們尚未活在一個科技變化的規模既廣泛又可預期的環境中。在我們親眼目睹科技的力量，以及大家對科技的理解力都呈指數成長之際，若有人還堅持說二〇三六年的法律市場將與今日沒有太大的差別，未免太過短視了。當然，沒有人可以預測二〇三六年的世界會是什麼樣子，就算隨便詢問一位有遠見的僱主，你也難以期盼得到肯定的答案。對未來的所有可能抱持教條式思維的人，你必須謹慎以對。如果你認同本書的論點以及我對未來的預測，那麼當你爲了發展事業而欲擇良木而棲時，就應該選擇那種關心未來並爲未來籌畫的事務所。嗤之以鼻的回應，是目光如豆的反應，你應該尋找的是與這種事務所完全不同的類型，是那種對於可能的未來懷抱開敞的心胸並歡迎討論的法律事務所。

面對同業毫無長進，你們會擔心嗎？

如果改變是無法避免的，那麼任職於頂尖法律事務所裡的聰明律師，通常會快速且有效地適應改變。他們沒有其他的選擇。如果他們正站在某個起火的高台上，他們只能選擇往下跳，沒有其他退路。若缺乏這樣的果斷，大多數的法律事務所，即使是業界的佼佼者，也很可能會落後於競爭。換言之，對法律事務所而言，避免競爭劣勢的動力，會高於取得競爭優勢的衝勁。在這一點上，法律服務與其他產業有相當大的差別。以消費性電子產品爲例，他們的驅動力在於不論行動或思考，都要先於競爭對手。而每每和法律事務所的負責人開會時，我發現最容易激勵他們的方式，就是提及與他們勢均力敵的對手的成就。

結果就是，當很多律師知道他們心中評價很高的其他事務所，並未重新思考工作方式、利用科技或採納本書的諸多建議時，他們是真的感覺鬆了一口氣。

也因此，對於那些堅持以客戶的需求爲前進的動力，而不把競爭作爲進步燃料的法律事務所，你應該滿懷敬意。這類的法律事務所相信，市場顯然需要根本上的改變，而其他事務所的保守態度，代表著他們本身有機會以新市場的龍頭出線。如果這是某家機構傳達給你的訊息，擠破頭也要進去工作。

有趣的是，如果你遇到的是替代性的法律服務提供者，譬如法律程序業務外包商、法律出版商或大型的會計師事務所，那麼相較於主流法律事務所對於變動的市場狀況常常顯得無感，你會察覺到這些服務提供者對於改變有著極高的興趣，對於未來更是懷著極大的興奮之情。

貴事務所較滿意的替代性選擇是什麼？

如果這個問題的答案是一張面無表情的臉，或搞不清楚狀況地輕吐一口氣，那麼你也許需要多一點的解釋，你可以這樣補充說明：有鑑於客戶愈來愈常要求法律顧問提供替代方案，降低例行性與重複性工作的成本，依照貴事務所的觀察，哪一種替代方案最有潛力？

如果對方的回答是他們目前謹慎看待這個挑戰，或他們現在正與諸如法律程序業務外包商、約聘律師等等之類低成本的服務提供者討論相關議題，那麼你就要對這家法律事務所抱持懷疑的態度了。尋找行動的證據，而非只是思考討論。

就算該法律事務所告訴你他們已經投資了某些設備，也許是一個近岸外包中心或分包管理處，你可以試著往前探問，測試看看這些投資僅僅只是表面文章，抑或是眞心的承諾。許多法律事務所的確做了一些基本配置的安排，但這些配置常常只是象徵性意義，目的在於讓合夥人可以向客戶交代，表示事務所已經納入了其他服務的管道。

一般來說，一家法律事務所若是眞心致力於替代性服務，會表現得非常明顯。你會感覺到他們的熱忱，而他們也會有一大堆關於哪些方式非常優異、哪些管道需要再調整的故事可以說。

資訊科技對未來法律市場的影響？

大多數律師在提到自家事務所裡的資訊科技變化時，都顯得有點猶疑。他們會說的是自己正在使用的系統，譬如電子郵件、文書處理、PowerPoint，以及想當然耳，他們鍾愛的手持裝置。大部分的法律事務所都有資訊部門，他們倚賴科技的程度也的確非常高。然而，我心裡所想的科技並非這些後勤支援系統，而是那些直接影響和支援客戶服務的系統。舉例來說，其中一個領域是知識系統，包括應用工具（從內部網路到資料庫到內部社交網路）的統合，可以掌握事務所的集體經驗與專業；或者是客戶關係系統，例如與客戶之間的溝通新管道線上交易室（online deal room）等各類服務，又或者是線上法律服務（提供法律建議和文件）。

未來的十年，我們會看到資訊科技獨立於後勤系統，而且很可能會以具有破壞性與創新的方式（參見第五章），改變律師與客戶之間的工作方式。

若想瞭解你考慮加入的法律事務所對科技的成熟度，首先你應該確認他們提及的那些改變是否眞有其事，接著找出這家事務所在這些新興科技的投資證據。另外一個你可以提出的有趣問題是：「貴事務所監控新興科技的流程爲何？評估新興科技對你們各個實務領域的影響力的流程又是什麼？」鮮少有事務所具備這樣的流程。如果你可以找到一家具備如此流程的事務所，就不需要再找其他工作了。

貴事務所有研發的能力嗎？

如果你是如蘋果或索尼這類的消費性電子產品公司，未來五年的主要產品通常尚未研發出來。製藥公司的處境也類似。這就是爲什麼這些企業都有研發的預算與部門——一群非常聰明的研發人員（我想像他們穿著白袍、挑眉的樣子），企業賦予他們無限發想的自由，希望他們能提出各種未來可能派得上用場的事物。他們絕大部分的概念都成不了形。但是企業鼓勵研發人員去設想一般人想像不到的事，鼓勵他們大膽和創新。即使他們的發明無法大眾化，投資也不算失敗。

法律事務所現在也面臨了類似的挑戰。如果我在本書第一部與第二部所提的情況成眞，那麼可能從現在開始往前推的五年或十年內，律師將要提供他們現在想像不到的服務。所以法律事務所該如何創新？誰能夠提出改變市場的新服務？詢問法律事務所是否有投入研發，若答案是肯定的，問問他們以何種方式投資。或許還可以補充提問另一個問題，那就是他們每年撥出總預算的多少比例投入研發（消費性電子產品與製藥公司投資在研發上的金額，約是總營業額的百分之十五到二十）。

極少數的法律事務所目前有編列研發預算或研發部門，因此比較令人滿意的回覆，是他們知道自己很快就必須編列這類的投資。考量到長期受僱，遇到那些對這種觀念不屑一顧，或希望自己還能夠繼續以舊有的工作方式再多賺幾年錢的法律事務所，你應該心存懷疑。

如果你們可以重新創設法律事務所，它會是什麼樣子？

針對這個問題，我從實務經驗中建立起一套我稱之為「白紙思考」（blank sheet thinking）的練習方式。我發現大多數的律師在思考長遠目標時，很容易受到目前環境的侷限。他們在思考未來的時候都是奠基於現有的事物，換言之，他們都是轉過身，背對著未來走向未來。在巨大變動的時代，我鼓勵法律事務所在考慮未來時要有遠見，把現有的組織與定位放在一邊，向前跨一步，考慮五年後可能的成就，以及應該立足的位置。

為了協助他們展開思考，我會要求他們回答以下這個問題：「如果有人給你一張白紙，讓你從零開始設計你的法律服務或法律事務所，那會是什麼樣子？」（我會提供一系列的提醒或問題幫助他們作答，不過在此我不打算過於著墨。）依循類似的模式，你可以試著從未來可能的僱主那兒感覺到，如果他們有機會揮動魔杖，應付迫在眉睫的壓力，或者如果他們可以從頭開始建立他們的事業，事情會有怎樣的不同。

你可能會發現這種思考練習能讓律師的焦點從當前的工作方式轉向未來可能的定位、聘僱的人員、尋找其他外包管道、可能採用的科技、爭取外部資金，以及許多其他各類的議題，並因而得出令人意想不到的主張。

如果面試官對於這類問題的回答，與現在他們管理的事務所沒有太大的差異，那麼我會心存疑慮。反過來說，若這個問題能夠引發出對工作方式的一系列充滿創意又吸引人的想法，那麼這位僱主或許就可能爲你提供令人振奮的前途。

切記，我並不是建議你用最後的這個問題或本章提到的所有問題，去轟炸未來可能的僱主。儘管如此，在口袋裡準備一、兩個這類深入的問題，絕對會令人印象深刻，至於本章提到的答案，則很可能爲你的未來點上明燈。

第十八章

長遠的未來

我經常提醒律師們，
法律早已不是律師的謀生工具，
一如病體不是醫生的飯碗。
法律的目的不在於保障律師的工作。
律師存在的目的，
在於支持社會對法律的需要。

長遠來看，我預期律師以及司法行政體系所要面對的挑戰既深且廣，而且帶有不可逆與轉型的特性。我並不是指法律界將在未來的三到六個月出現巨大的轉變，但我確信邁入二〇二〇年代，我們將會看見根本上的改變。

向前看，以二〇三六年爲界限，隨便在這期間挑選任何一點作爲當前法律產業的中點，期待屆時法律專業的面貌將大幅轉變，這樣的想法一點都不誇張。在本書的最後一章，我的目的是要放大來看這場法律革命。

人工智慧

以長期的眼光來思考，很難忽視近來對於法律這一行運用人工智慧所引起的討論。新聞或社群媒體上時不時就會出現機器人律師或人工智慧系統比傳統律師更厲害，甚或將取代傳統律師的主張。舉例而言，倫敦的五大法律事務所近期與幾家人工智慧供應商簽約，而且對於這樣的投資信心滿滿。我對這些主張與做法心神嚮往，因爲我向來對這個領域充滿興趣；一九八〇年代中期，我在哈佛的博士論文就以人工智慧與法律爲題，而且對於相關發展的關注未曾間斷。但是我認爲，當前許多有關人工智慧在接下來幾年的可能影響有點言過其實了。另一方面，儘管這些主張稍嫌過譽，我認爲他們還是低估了科技對於法律長遠的影響力。機器和系統的功能愈來愈強大，隨著時間它們將取代愈來愈多我們原本以爲必須由傳統的法律執業者才能勝任的工作。這就是今日人們提到法律人工智慧時所想到的，亦即由系統來操作過去得由具備思考能力的律師所做的法律業務。尤其，如本書第五章所述，對於人工智慧的討論主要把焦點放在文件分析、機器預測、法律問題問答，以及較次要的是進行文件處理自動化。沒有人會說這些系統具有意識（因此是弱人工智慧，而非強人工智慧），只不過功能上可以分擔一些律師的工作。

在我開始投入研究法律與人工智慧時，主流做法是透過「知識淬取」的過程，把法律專家們腦袋裡的知識與推理過程呈現出來。這些知識被編碼成複雜的「決策樹」（decision tree），植入電腦系統供非專業的使用者可以應用。我們稱之爲以規則爲基礎的專家系統。它們會問使用者問題，然後提供法律解答、擬定法律文件，而且往往比實際專家的效率更高。一九八八年，我協同發展的全球第一個商業系統（潛在損害系統，the Latent Damage System）就是以這樣的方式提供法律建議。這個系統可以將研究時間從幾個小時降到幾分鐘，此領域的專家菲力普・卡普爾（Phillip Capper）教授樂於承認最終的系統版本表現得比他本身還要好。但是要建造和維持這樣的系統所費不貲。對於法律事務所的吸引力也不高，因為它減少了法律工作的時間，在那個按時計價的年代顯然不甚討喜。

重要的是，現在已進入第二波人工智慧，其發展者拒絕早期那種由機器複製人類專家的知識以解決問題的做法。這裡主要有三種系統。第一是可以分析巨量法律資料的系統。現在是「機器學習」和「大數據」的時代，有些系統已經可以做出比專家更好的預測。舉例來說，法律分析公司 Lex Machina 主張，根據過去超過十萬個案例，他們可以比訴訟律師更準確預測美國專利案件的勝訴機率。一個相關的系統家族（原本由律師「訓練」或「監督」）可以搜尋巨量的判例，比菜鳥律師和律師助理更精準找出相關的文件。相似的技巧也可用於實質審查。這些系統就是第五章所謂的「突破性」。

第二個突破性的系統，可以用顯然具有智能的方式回答問題與解決問題（法律問題問答）。最佳示範就是ＩＢＭ的華生電腦，如第五章所描述，二〇一一年在電視益智節目中打敗兩位優秀的人類選手。試想，如果有個系統可以回答幾乎世界上所有問題，而且比任何人類都更快速也更準確，會如何？受到華生電腦的啓發，有幾家事務所和法律服務供應商與ＩＢＭ合作將系統運用於法律界。

最後是情感計算（affective computing）的領域，這樣的系統可以偵測和表達情感。它已經比人類更能夠區辨假笑和眞心的微笑。

今日的機器可以做預測、找出相關文件、回答問題、比人類更善於辨別情感，於是我們可以合理地問，也必須問：在接下來的數十年，究竟是人或機器從事法律工作？

然而，還是有很多律師堅稱他們的工作是機器無法取代的。他們說電腦無法思考或感受，所以無法做判斷或表達同理。這樣的主張通常是奠基於我和丹尼爾·薩斯金在《未來的專業》一書中所提到的「人工智慧的謬誤」：要讓機器可以表現得比最棒的律師更好，必須複製人類律師的思考與工作模式。但這麼想的錯誤在於沒有認知到第二波人工智慧並非複製人類推理能力的系統。一九九七年我們見證ＩＢＭ的深藍電腦擊敗世界西洋棋冠軍。它會成功並不是複製人類好手的思考過程，而是透過每秒計算多達三億三千萬的招式。法律界亦然，律師將會被以巨量資訊爲基礎的強大演算系統給打敗。

因此我要再次強調，當機器的效能愈來愈高，勢必就會吃掉律師的工作。表現最好和最聰明的人才能屹立最久，也就是以機器無法取代的方式執業的專家。但這也無法保證傳統的律師都飯碗可保。或許這對現在的律師來說並不是一個迫在眉睫的威脅。至少在二〇二〇年代，如同第十三章所述，律師的職務將重新洗牌，律師會有不同的工作。在這個時期，律師應該確保自己能夠和機器競爭（尋找更需要人類智能的工作），要不就是讓自己具備打造機器的能力（直接參與發展新的法律科技系統）。

是電鑽還是洞？

可以理解的是，以人工智慧取代部分或全部的律師工作必然會引起諸多討論，也讓律師和法律學子忿忿不滿。我經常會請懷疑者想想我最喜歡的一個企業故事，來自一家世界級的電動工具製造商。據說每當有新血加入時，這家公司就會把所有新主管聚集在一起受訓。一開始大螢幕上會打出一張投影片供這些新主管思考。投影片內容是一張閃閃發亮的電鑽照片，然後訓練講師會詢問與會者，這個東西是不是公司要販售的產品。

這個問題似乎引起了菜鳥主管們的小小驚訝，不過大家很快就振奮起精神，而且勇氣十足地回答說：「沒錯，這的確是公司的產品。」講師顯然相當滿意這個答案，然後更換下一張投影片。第二張投影片是一塊木頭上的一個洞。「這個，」訓練講師說：「其實才是我們顧客要的東西。身爲公司的主管，你們的工作就是找出更有創意、更有想像力，以及更有競爭力的方法，提供顧客想要的東西。」

這個故事給律師上了一堂寶貴的課。大多數資深律師在思考他們的未來時，很容易就走入電鑽的思維。他們會自問：「我們今天要做什麼？」（答案：一對一的諮詢服務，以小時計價。）下一個問題則是：「我們該如何讓我們的專業服務變得更便宜、更快速，或者變得更好？」鮮少有律師會往後退一步，以同理心想想，那個在法律世界牆上的洞是什麼。客戶在求助律師時，他們眞正追求的是什麼樣的價值？什麼樣的利益？

二十多年來，我一直在問律師們：「在提供法律服務的過程中，那個牆上的洞是什麼？」最好的答案來自於安侯建業這家全球主要的會計師事務所。我一向不是經營理念這種東西的擁護者，但在安侯建業的網站上，我注意到他們經營理念中的某個部分，讓我覺得很棒：「我們存在的目的，在於將我們的知識轉化成可以爲客戶帶來利益的價值。」我認為這句話最能夠詮釋律師的價值：律師擁有知識、專業、洞察力及理解力，他們可以在客戶遭遇問題時應用這些能力。律師擁有客戶所缺乏的知識與專業。

請注意，安侯建業並沒有說他們存在的目的是提供按時計費的一對一諮詢服務。他們沒有把工作的方式與他們能提供的價值混為一談。

安侯建業對於專業或法律顧問這個角色的詮釋，表達出許多眞知灼見。對律師而言，我覺得最重要的是這段詮釋中所透露的一個挑戰——如果我們可以找到創新的方法，讓客戶取用我們的知識與專業，結果會怎麼樣？特別是，如果身為律師的我們，可以讓我們的知識與專業，透過無遠弗屆的線上法律服務系統提供給需要者使用，不論是草擬文件或爭端解決，結果又會怎什麼樣？如果我們可以藉由網路讓需要者以更低的成本、更簡單與便利的方式、更好的效率，取得我們的專業與服務，那麼我覺得面臨成本壓力的客戶們，一定會張開雙臂歡迎這些新式的服務。

當然也有反對意見，認為客戶總是會想要找一個他們可以信任的律師。但我的研究顯示，並不盡然如此。面臨法律問題的人想要的是一個值得信賴的解決方法，而如果這個方法可以透過網路傳送，他們往往也樂於接受。

未來不可能沒有改變

常言道我們無法預測未來。這個說法合理化了我們因缺乏想像力、短視、怠惰而揚棄了所有的遠見，並斥之爲臆測等等行爲。我的看法不同，我選擇加入那些相信我們雖然無法舉出未來世界的細微末節，卻可以預測出許多（但不是所有）未來趨勢的陣營。

設想未來的一個有趣方式，是仔細思考我們目前所擁有的成果要如何維持下去。看看現在的經濟情勢、邁向自由化的轉變、資訊科技的力量，以及我們對資訊科技的理解快速增加，要堅持現有的法律產業在未來十年不會改變，根本是件難以想像的事。以大部分的法律市場來說，現有的法律服務模式不僅無法持久，而且已經開始崩壞。

從另外一個觀點來看，法律及法律服務的重點在於法律資訊（從法令這類原始資料，到專家腦子裡的深厚知識）。請大家停下來想一想資訊這件事。我們正目睹社會資訊的基礎架構快速轉變。我所謂的資訊基礎架構，指的是資訊取得、分享以及散播的主要方式。人類學家表示，人類已經歷過四個不同的資訊基礎架構階段：

以話語主導溝通的口語階段、手寫文字時代、印刷時代，現在則是進入一個因資訊科技而讓溝通愈來愈便利的世界。將來絕對會出現第五個階段，也許就在未來的三、四十年間，屆時奈米科技、機器人、基因遺傳學，以及資訊科技，將全部整合在一起。根據我的猜測（儘管我提出這些猜測時有些遲疑，因爲評論者可以輕易地斷章取義），整個法律與法令條文，到時候都將嵌入晶片與網路，而這些晶片與網路系統將植入我們的工作中，甚至深入我們的腦子裡，甚或最後我們的腦子可以在遠端取得並瞭解這些法律內容。

目前我們身處資訊基礎架構第三與第四發展階段的交接期，也就是正要從以印刷爲主體的工業社會過渡到以網路爲主體的資訊社會。在相當的程度上，社會的資訊結構決定了我們有多少法律規定、法律複雜的程度、法律改變的頻率，以及有責任、有專業知識且可以供我們請教的對象是誰。檢視歷史上法律的演進方式，就會知道時代改變的時候，資訊架構也會跟著變化。從根本來看，法律本來就是個以資訊爲基礎的領域。我們正處在資訊革命中。革命後的法律及律師工作勢必也會有所改變。

基於這樣的思維，我在一九九六年於《法律的未來》一書中，預測了法律典範的轉移。我所謂的法律典範的轉移，意思是指我們對於法律服務以及法律程序的許多或大多數根本假設，都會受到資訊科技以及網路的挑戰和取代。那是對於二十年後的預測，而我要再次大膽地說，一路走來這個方向日漸得證，只是我得承認腳步還是慢了大概五年。

我們需要一門法律「專業」嗎？

我在本書所預測的眾多改變，引來了一個更深刻的問題：我們爲什麼要讓特定的職業團體，擁有人類特定行爲領域的獨占權？舉例來說，會計專業、醫學專業，以及法律專業，都各自被賦予了某些工作的排他性權力，如相關法令規定的稽核、手術，還有法庭代言等等。就像存在著某種社會契約（潛規則），我們授權某些有技術與知識的人士，承接一般人若自行處理就會變得危險的工作。因此社會上出現了這些受人信賴的顧問，他們得時時更新自己的知識，然後以一種外人難以理解的、大家負擔得起的，又可以爲當事人所用的方式，應用他們自己的知識。我們信任這些專業人士，不但因爲他們受過訓練、有豐富的經驗，也因爲他們有能力、值得信賴，以及他們有職業道德。相對而言，這些經常被其他人以敬仰態度請求協助的專業人士，也很享受自己所屬專業帶來的聲譽以及威信。

然而，專業階級模式卻存在著一些問題。首先，在大多數社會中，我們努力支付費用，以換取這些專業知識以及經驗所帶來的專屬服務。但在經濟壓力大的時候，健康服務、法律服務、教育服務，還有許許多多的服務，都讓當事人承受了莫大的負擔。舊有的模式似乎已無法提供大家可以輕鬆負擔或輕易利用的服務了。

專業階級面對的第二個難題是，坊間已經出現了透過網路提供知識與經驗服務的新管道。一如本書不斷提醒各位的，網路可能讓一般的門外漢透過線上法律指導系統、自動文件組合系統、法律經驗社群，甚或諮詢費用較低的視訊會議，取得並利用律師專業的能力以及經驗。

專業階級面臨的第三個挑戰，更是直指一個關鍵問題——反對改變者的動機。努力讓專業世界裡的問題活得長久的人，正是可以解決問題的那些領袖以及組織。用更通俗的說法來詮釋：如果要投票選擇是否早一點過聖誕節，應該沒有火雞會贊成吧！最保守、最反動的人，都是既得利益者。蕭伯納的名言：「所有專業都是排斥外行人的陰謀。」顯然就是出於這樣的思維。

我對這件事的看法稍稍不同。我發現法界有溫和的守護者以及嫉妒的守衛兩大陣營（中間還夾雜了幾個不同族群）。溫和的守護者跟剛剛我們提到的那些專業人士形象相符，這個陣營的所有成員把應用法律，以及讓法律以大家負擔得起的價格、便利的管道提供給社會，視爲己任。他們是連結外行人與法律的介面，努力達到使用者友善的目標。相反的，嫉妒的守衛希望圈圍住法律的領域，讓這塊地方成爲他們獨占的保留區，至於法律業務是否眞的需要用到律師專業，他們並不在乎；法律服務價格的親民性以及法律服務的便利性，這兩種特質是否會對大家造成衝擊，更與跟他們無關。在美國，有些律師拒絕接受可以協助一般人民的線上服務，並主張網路服務提供者所進行的工作是未經授權的法律業務，這樣的人常常都來自第二個陣營。司法接近權或保護客戶的利益是這些人宣稱拒絕接受線上服務的主要考量，但他們的托詞總是讓我不寒而慄。說實話，許多（但並非所有）這樣說的人，最主要的考量都是自己，以及對自己收入和自尊的威脅。

你們的任務

各位明日世界的律師們，我懇請你們舉高守護者的旗幟，誠實面對自己與社會，標出爲了客戶的利益而必須保留給律師的那些法律領域。你們應該顧全的是社會的福祉，而非律師的利益。至於那些確實可以委託給非律師人士，以負責且令人信賴的態度完成的法律業務，你們應該歡慶司法接近權的普及，並發揮自己的創意與企業家精神，找到將自己的法律知識與經驗轉化成爲客戶帶來價值的方式。

我經常提醒律師們，法律早已不是律師的謀生工具，一如病體不是醫生的飯碗。法律的目的不在於保障律師的工作。律師存在的目的，在於支持社會對法律的需要。

一位來自矽谷的電腦科學家艾倫·凱（Alan Kay）[18]提過一個思考角度不同但相關的論點。他曾說：「預測未來最好的方法，就是創造未來。」對明日世界的律師來說，這是一個強而有力的訊息。法律服務的未來還沒有具體出現，也還沒有隱約浮現等著你們去揭開。我和其他關注法律市場變化的評論者，跟大多數律師一樣，都無法看見未來。我所做的，只是準備了一頓自助菜色——提出一系列律師以及其他法律服務提供者可能或不可能選擇的菜餚。

其實，最令人動心之處，是我們現在擁有前所未有的機會，可以參與塑造下一個世代的法律服務。你們會發現，在這條追尋的道路上，大多數的資深律師幾乎無法發揮任何指導作用。你們的前輩，就算不反對變化，也可能比較傾向於謹慎、自衛，以及保守的態度。他們會抵抗改變，而且即使有效期限早過，他們往往還是希望堅守傳統的工作方式。

事實上，你們只能靠自己。我衷心建議明日世界的律師們爲法律，這個我們最重要的社會制度，開闢出新的道路。

18 譯按：美國電腦科學家。圖形使用者介面（GUI）以及後來發展出筆記型電腦的 Dynabook 概念，為艾倫・凱的眾多成就之一。

延伸閱讀

有關法律服務的未來這個議題，相關文獻出現的數量與速度都在快速成長。讀者若有意繼續深入研究，我在下列簡短的參考書目中，列出了清楚提到本書主要論點的作品，以及我推薦的一些教科書及論文。書中提到的所有法律事務所、法律企業或線上服務，我並未附上參考資料，因爲這些資訊在網路上很容易取得。

參考書目

Baker, S., *Final Jeopardy: Man vs. Machine and the Quest to Know Everything* (New York: Houghton Mifflin Harcourt, 2011).

Beaton, G. and Kaschner, I., *Remaking Law Firms* (Chicago: American Bar Association, 2016).

Benkler, Y., *The Wealth of Networks* (New Haven: Yale University Press, 2006).

Black, N., *Cloud Computing for Lawyers* (Chicago: American Bar Association, 2012).

Bull, C., *The Legal Process Improvement Toolkit* (London: Ark, 2012).

Canadian Bar Association, *Futures: Transforming the Delivery of Legal Services in Canada* (Ottawa: Canadian Bar Association, 2014).

Chambliss, E., Knake, R.N., and Nelson, R.L., 'What We Need to Know About the Future of Legal Services' (2016) 67(2) *South Carolina Law Review* 193.

Christensen, C., *The Innovator's Dilemma* (Boston: Harvard Business School Press, 1997).

Civil Justice Council (Online Dispute Resolution Advisory Group), *Online Dispute Resolution for Low Value Civil Claims* (London: Civil Justice Council, 2015).

Dershowitz, A., *Letters to a Young Lawyer* (New York: Basic Books, 2001).

Dutton, W. and Blank, G., *Cultures of the Internet: The Internet in Britain*, Oxford Internet Study 2013 (Oxford: Oxford Internet Institute, 2013).

Faure, T., *The Smarter Legal Model* (London: The Practical Law Company, 2010).

Galbenski, D., *Unbound: How Entrepreneurship is Dramatically Transforming Legal Services Today* (Royal Oak: Lumen Legal, 2009).

Grossman, M. and Cormack, G., 'Technology-Assisted Review in E-Discovery Can be More Effective and More Efficient Than Exhaustive Manual Review' (2011) XVII(3) *Richmond Journal of Law and Technology* 1.

Harper, S.J., *The Lawyer Bubble* (New York: Basic Books, 2013).

Haskins, P.A. (ed.), *The Relevant Lawyer* (Chicago: American Bar Association, 2013).

Kafka, F., *The Trial* (Harmondsworth: Penguin, 1983).

Katsh, E. and Rabinovich-Einy, O., *Digital Justice: Technology and the Internet of Conflict* (New York: Oxford University Press, 2017).

Katz, D.M., Bommarito, M.J., and Blackman J., 'Predicting the Behavior of the Supreme Court of the United States: A General Approach' (21 July, 2014), available at SSRN: <http://ssrn.com/abstract=2463244>.

Kimbro, S., *Limited Scope Legal Services: Unbundling and the Self-Help Client* (Chicago: American Bar Association, 2012).

Kowalski, M., *Avoiding Extinction: Reimagining Legal Services for the 21st Century* (Chicago: American Bar Association, 2012).

Kurzweil, R., *The Singularity is Near* (New York: Viking, 2005).

JUSTICE, *What is a Court?* (London: Justice, 2016).

Law Society of England and Wales, *The Future of Legal Services* (London: The Law Society, 2016).

Legal Services Board, *Understanding Consumer Needs from Legal Information Sources* (London: LSB, 2012).

Levitt, T., 'Production-Line Approach to Service' (1972) (September–October) *Harvard Business Review* 41.

Levitt, T., *Marketing Myopia* (Boston: Harvard Business School Publishing Corporation, 2008).

Levy, S., *Legal Project Management* (Seattle: DayPack, 2009).

Lightfoot, C., *Tomorrow's Naked Lawyer* (London: Ark, 2014).

Maharg, P., *Transforming Legal Education* (Aldershot: Ashgate, 2007).

Ministry of Justice, 'Virtual Court Pilot: Outcome Evaluation' (London, 2010), available at <http://www.justice.gov.uk/>.

Morgan, T., *The Vanishing American Lawyer* (New York: Oxford University Press, 2010).

Mountain, D.R., 'Disrupting Conventional Law Firm Business Models Using Document Assembly' (2007) 15(2) *International Journal of Law and Information Technology* 170.

Paliwala, A. (ed.), *A History of Legal Informatics* (Saragossa: Prensas Universitarias de Zaragoza, 2010).

Parsons, M., *Effective Knowledge Management for Law Firms* (New York: Oxford University Press, 2004).

Paterson, A., *Lawyers and the Public Good* (Cambridge: Cambridge University Press, 2012).

Pink, D., *A Whole New Mind* (London: Cyan, 2005).

Regan, M. and Heenan, P., 'Supply Chains and Porous Boundaries: The Disaggregation of Legal Services' (2010) 78 *Fordham Law Review* 2137.

Resnik, J. and Curtis, D., *Representing Justice* (New Haven: Yale University Press, 2011).

Rhode, D.L., *The Trouble with Lawyers* (New York: Oxford University Press, 2015).

Sako, M., *General Counsel with Power?* (Oxford: Said Business School, 2011), available at <http://www.sbs.ox.ac.uk/>.

Staudt, R.W. and Lauritsen, M. (eds.), 'Justice, Lawyering and Legal Education in the Digital Age' (2013) 88(3) *Chicago Kent Law Review* 879.

Susskind, R.E., *The Future of Law* (Oxford: Oxford University Press, 1995; paperback edn, 1998).

Susskind, R.E., *Transforming the Law* (Oxford: Oxford University Press, 2000; paperback edn, 2003).

Susskind, R.E., *The End of Lawyers?* (Oxford: Oxford University Press, 2008; paperback edn, 2010).

Susskind, R.E. and Susskind, D.R, *The Future of the Professions* (Oxford: Oxford University Press, 2015).

Tamanaha, B., *Failing Law Schools* (Chicago: University of Chicago Press, 2012).

Wahab, M., Katsh, E., and Rainey, D. (eds), *Online Dispute Resolution: Theory and Practice* (The Hague: Eleven International, 2012).

Woolf, Lord, *Access to Justice—Interim Report and Final Report* (Woolf Inquiry Team, June 2005 and July 2006), available at <http://www.jus- tice.gov.uk/>.

國家圖書館出版品預行編目資料

明日世界的律師（暢銷增訂版）：寫給法律人的法律市場趨勢分析與行動策略 / 理查・薩斯金Richard Susskind 著；麥慧芬、高忠義 譯. -- 二版. -- 臺北市：商周出版：家庭傳媒城邦分公司發行, 2021.07
面： 公分
譯自：TOMORROW'S LAWYERS: AN INTRODUCTION TO YOUR FUTURE, SECOND EDITION
ISBN 978-626-7012-06-2（平裝）
1.律師 2.法學教育
586.7 110009902

明日世界的律師（暢銷增訂版）

原著書名 / Tomorrow's Lawyers
作　　者 / 理查・薩斯金 Richard Susskind
譯　　者 / 麥慧芬、高忠義
責任編輯 / 陳玳妮

版　　權 / 黃淑敏、劉鎔慈
行銷業務 / 周丹蘋、賴晏汝
總 編 輯 / 楊如玉
總 經 理 / 彭之琬
事業群總經理 / 黃淑貞
發 行 人 / 何飛鵬
法律顧問 / 元禾法律事務所　王子文律師
出　　版 / 商周出版
臺北市中山區民生東路二段141號9樓
電話：(02) 2500-7008 傳眞：(02) 2500-7759
E-mail：bwp.service@cite.com.tw
發　　行 / 英屬蓋曼群島商家庭傳媒股份有限公司城邦分公司
臺北市中山區民生東路二段141號2樓
書虫客服服務專線：(02) 2500-7718・(02) 2500-7719
24小時傳眞服務：(02) 2500-1990・(02) 2500-1991
服務時間：週一至週五09:30-12:00・13:30-17:00
郵撥帳號：19863813　戶名：書虫股份有限公司
E-mail：service@readingclub.com.tw
歡迎光臨城邦讀書花園 網址：www.cite.com.tw
香港發行所 / 城邦（香港）出版集團有限公司
香港灣仔駱克道193號東超商業中心1樓
電話：(852) 2508-6231　傳眞：(852) 2578-9337
E-mail：hkcite@biznetvigator.com
馬新發行所 / 城邦（馬新）出版集團 Cité (M) Sdn. Bhd.
41, Jalan Radin Anum, Bandar Baru Sri Petaling,
57000 Kuala Lumpur, Malaysia
電話：(603) 9057-8822　傳眞：(603) 9057-6622
E-mail：cite@cite.com.my

封面設計 / 李東記
排　　版 / 新鑫電腦排版工作室
印　　刷 / 韋懋實業有限公司
經 銷 商 / 聯合發行股份有限公司
電話：(02) 2917-8022　傳眞：(02) 2911-0053
地址：新北市231新店區寶橋路235巷6弄6號2樓

■2014年07月01日初版
■2021年07月29日二版
定價 360元

Printed in Taiwan
城邦讀書花園
www.cite.com.tw

ISBN 978-626-7012-06-2

廣　告　回　函
北區郵政管理登記證
台北廣字第000791號
郵資已付，免貼郵票

104台北市民生東路二段141號2樓

英屬蓋曼群島商家庭傳媒股份有限公司　城邦分公司

請沿虛線對摺，謝謝！

書號：BJ0084　　**書名：**明日世界的律師　　**編碼：**

請於此處用膠水黏貼

讀者回函卡

不定期好禮相贈！
立即加入：商周出版
Facebook 粉絲團

感謝您購買我們出版的書籍！請費心填寫此回函卡，我們將不定期寄上城邦集團最新的出版訊息。

姓名：＿＿＿＿＿＿＿＿＿＿ 性別：□男 □女

生日：西元＿＿＿＿年＿＿＿＿月＿＿＿＿日

地址：＿＿＿＿＿＿＿＿＿＿

聯絡電話：＿＿＿＿＿＿＿＿ 傳真：＿＿＿＿＿＿＿＿

E-mail ：

學歷：□ 1. 小學 □ 2. 國中 □ 3. 高中 □ 4. 大學 □ 5. 研究所以上

職業：□ 1. 學生 □ 2. 軍公教 □ 3. 服務 □ 4. 金融 □ 5. 製造 □ 6. 資訊
□ 7. 傳播 □ 8. 自由業 □ 9. 農漁牧 □ 10. 家管 □ 11. 退休
□ 12. 其他＿＿＿＿＿＿＿＿

您從何種方式得知本書消息？

□ 1. 書店 □ 2. 網路 □ 3. 報紙 □ 4. 雜誌 □ 5. 廣播 □ 6. 電視
□ 7. 親友推薦 □ 8. 其他＿＿＿＿＿＿＿＿

您通常以何種方式購書？

□ 1. 書店 □ 2. 網路 □ 3. 傳真訂購 □ 4. 郵局劃撥 □ 5. 其他＿＿＿＿

您喜歡閱讀那些類別的書籍？

□ 1. 財經商業 □ 2. 自然科學 □ 3. 歷史 □ 4. 法律 □ 5. 文學
□ 6. 休閒旅遊 □ 7. 小說 □ 8. 人物傳記 □ 9. 生活、勵志 □ 10. 其他

對我們的建議：＿＿＿＿＿＿＿＿＿＿

＿＿＿＿＿＿＿＿＿＿

＿＿＿＿＿＿＿＿＿＿

【為提供訂購、行銷、客戶管理或其他合於營業登記項目或章程所定業務之目的，城邦出版人集團（即英屬蓋曼群島商家庭傳媒（股）公司城邦分公司、城邦文化事業（股）公司），於本集團之營運期間及地區內，將以電郵、傳真、電話、簡訊、郵寄或其他公告方式利用您提供之資料（資料類別：C001、C002、C003、C011 等）。利用對象除本集團外，亦可能包括相關服務的協力機構。如您有依個資法第三條或其他需服務之處，得致電本公司客服中心電話 02-25007718 請求協助。相關資料如為非必要項目，不提供亦不影響您的權益。】

1.C001 辨識個人者：如消費者之姓名、地址、電話、電子郵件等資訊。
2.C002 辨識財務者：如信用卡或轉帳帳戶資訊。
3.C003 政府資料中之辨識者：如身分證字號或護照號碼（外國人）。
4.C011 個人描述：如性別、國籍、出生年月日。

請於此處用膠水黏貼